누구나
쉽고 재미있게

사고력 수학

노크

D3
(11~12세)

평면도형

이 책을 보시는 부모님들께

머리가 좋아야 수학을 잘 한다는 말이 있습니다. 또, 수학을 잘 못하는 아이는 아빠, 엄마의 머리를 물려받아서 그렇다는 등의 난데없는 유전자 논쟁이 벌어지기도 합니다. 하지만 많은 사람들의 일반적인 생각과는 달리 이는 근거없는 이야기입니다. 외국의 한 연구 기관에서 언어, 사회, 수학, 과학의 네 가지 분야 중 어떤 것이 아동의 선천적 재능에 영향을 받는지 조사한 연구 결과를 발표했는데 일반적인 예상과는 다르게 선천적 재능에 영향을 받는 순서는 사회, 언어, 과학, 수학 순이었습니다. 다시 말해, 수학은 여러 학문 분야 중 선천적인 재능보다는 후천적인 환경이나 교육자, 학습자의 노력에 가장 큰 영향을 받는 학문이라 볼 수 있습니다. 수학의 가장 기본이 되는 '수 영역'의 예를 들어 보겠습니다. 아이들이 수를 처음 접하는 시기의 차이는 있지만 실제 수에 대한 감각과 수를 다루는 연습은 생활 속에서의 체험이나 다양한 활동, 학습 속에서 이루어집니다. 즉, 수학의 가장 기본이 되는 수는 선천적으로 가진 재능과는 거의 연관이 없으며 자라나면서 어떤 환경에 놓이는지, 얼마나 많이 수를 생각할 수 있는 기회가 있는지, 나이에 맞는 올바른 학습을 만날 수 있는지에 좌우됩니다. 그러므로 아이의 수학적 발달에 문제가 있다면, 그 아이가 누구를 닮아서 그런지, 지능이 떨어지는지를 따질 것이 아니라 수학적 힘을 기를 수 있는 학습 환경을 어떻게 만들어줄 것인가를 고민해야 합니다.

국제영재교육연구소의 랜즐리 소장은 영재의 기준을 마련하기 위해 여러 연구를 시행한 결과, 영재의 공통적인 특징들을 발견하였습니다. 첫째는 115 이상의 지능지수(IQ), 둘째는 창의력(Creativity), 셋째는 동기적 요소라고 부르는 끈질긴 근성과 과제집착력이었습니다. 이들 세 가지 요소 역시 선천적으로 타고 나는 부분도 물론 있겠지만 대부분 후천적인 학습이나 교육 활동을 통해 기를 수 있는 능력이라는 데에 이의를 제기하기는 힘듭니다.

이처럼 수학적 능력은 후천적 학습 환경에 주로 좌우되며, 특히 어린 시절에는 그러한 경향이 더더욱 두드러집니다. 하지만 우리의 아이들을 둘러싼 수학적 환경을 다시 한 번 돌아봅시다. 초등학교를 들어가기 전부터 과도한 학습량과 무의미한 반복 활동, 이후의 수학 학습에 오히려 방해가 될 정도로 무리한 선행 학습 등의 환경은 아이의 수학적 힘을 길러주기보다는 수학에서 가장 중요한 창의적 사고력을 기를 수 있는 기회를 박탈함과 동시에 수학에 대한 흥미를 급속하게 떨어뜨리게 하여 수학으로 문제를 해결하려는 의지, 즉 수학적 동기를 스스로에게 부여하는 것을 불가능하게 만들어 버립니다. 중요한 것은 남들보다 먼저, 그리고 더 많이 수학적 지식을 머리 속에 주입하는 것이 아니라 태어나서부터 누구나 가지고 있는 수학에 대한 관심, 그리고 수학으로 생각하는 힘을 일깨워주는 것입니다.

수학을 잘할 수 있는 힘,

수학적 잠재력은 이미 여러분 아이들의 머릿 속에 줄곧 있어왔습니다. 단지 어떤 아이는 그것을 찾아내어 드러낼 수 있었고, 어떤 아이는 꼭꼭 숨긴 채 평생 드러나지 않을 뿐입니다. 이러한 수학적 잠재력에 대한 참신한 자극 – 생각을 두드리는 '노크'를 제안하려 합니다. '노크'는 수학적 지식과 스킬만을 무리하게 밀어넣지 않습니다. 왜 수학을 해야 하고, 어떻게 수학으로 가능한지 끊임없이 스스로 생각하게하는 계기로서의 활동이 되려 합니다. 일상으로부터 괴리된 학문으로서의 수학이 아닌, 삶을 살아가며 반드시 키워야 할 논리적, 합리적 사고력을 기를 수 있는 누구에게나 가장 중요한 경쟁력으로서의 수학을 주장합니다. '노크'야말로 새로운 수학 학습의 길을 보여주는 방향타가 될 것입니다.

한 현 조

똑!똑! 사고력 수학
노크의 구성

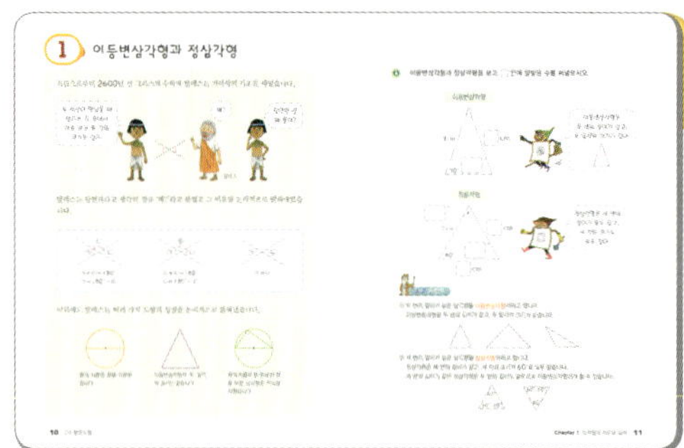

시작 : 생각열기

사고력 수학 주제에 맞는 수학적 상황, 수학사, 생활 속 수학 이야기 등의 자유로운 형식으로 흥미를 유발하고, 수학적 사고를 자극하는 주제별 프롤로그

노크 포인트

문제 해결의 핵심적 원리를 '콕!' 집어서 간결하게 요약한 사고력 수학 주제별 포인트

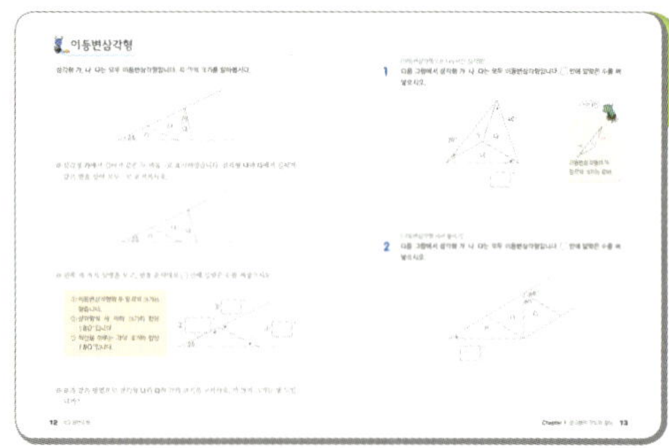

전개 : 유형 탐구

사고력 수학의 대표 유형을 노크만의 새로운 방법으로 차근차근 한 단계씩 익히고 해결하는 단계적 유형 탐구와 이를 통해 익힌 방법적 원리를 적용, 확장하는 확인 문항

수학 요정들의 친절한 충고와 꼬마 요괴들의 밉살스럽지만 유용한 조언으로 어려운 발전 문항의 해결을 돕는 문제 해결 도우미 박스

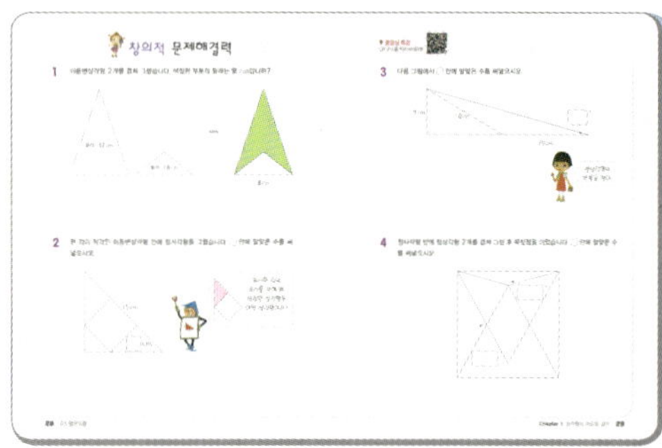

발전 : 창의적 문제해결력

3개의 사고력 수학 주제를 갈무리하는, 한 차원 높은 창의력과 복합적인 사고력을 요구하는 발전 문항의 끝판왕

마무리 : 정답 및 해설

본문에 그대로 첨삭된 정답과 간략한 풀이 과정을 통한 사고력 수학 활동 피드백으로 마무리

노크
캐릭터 소개

지식을 되찾기 위해 노크랜드로 떠난 모험가 친구들

태경
활동파 리더

지오
호기심 공주

초이
조용한 전략가

아인
꼬마 천재

마법사 멀린과 수학 요정

마법사 멀린

노크랜드의 지식의 수호자. 지식을 파괴하려는 대마왕의 음모에 맞서 모험을 떠난 친구들의 든든한 조력자.

아르키메데스

페르마

플라톤

파스칼

피타고라스

가우스

유클리드

오일러

대마왕과 꼬마 요괴

대마왕

노크랜드의 지식의 파괴자. 세계를 차지하기 위해 모든 지식을 없애버리려고 하는 요괴들의 두목.

딴소리

한입

장난

잘난척

딴짓

멍하니

잠만자

대충이

산만해

울보

거꾸로

뛰어

삼각형의 각도와 길이

 # 이등변삼각형과 정삼각형

지금으로부터 **2600**년 전 그리스의 수학자 탈레스는 기하학의 기초를 세웠습니다.

탈레스는 당연하다고 생각한 것을 '왜?'라고 물었고 그 이유를 논리적으로 밝혀내었습니다.

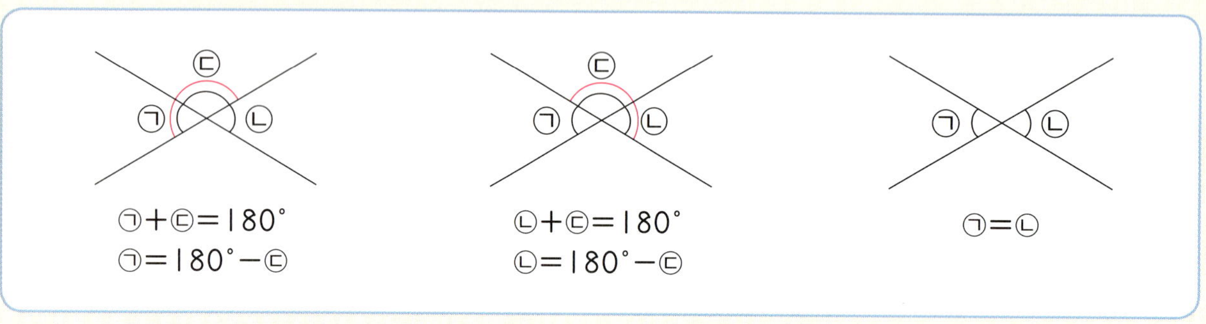

이외에도 탈레스는 여러 가지 도형의 성질을 논리적으로 밝혀냈습니다.

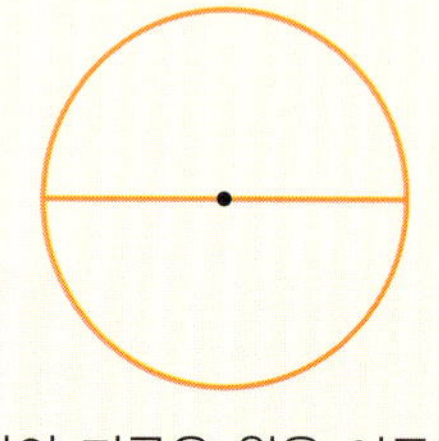

원의 지름은 원을 이등분 합니다.

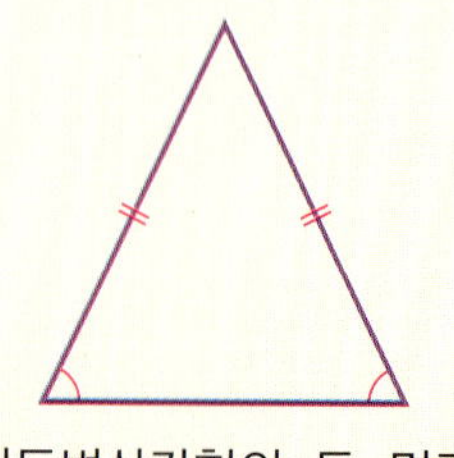

이등변삼각형의 두 밑각의 크기는 같습니다.

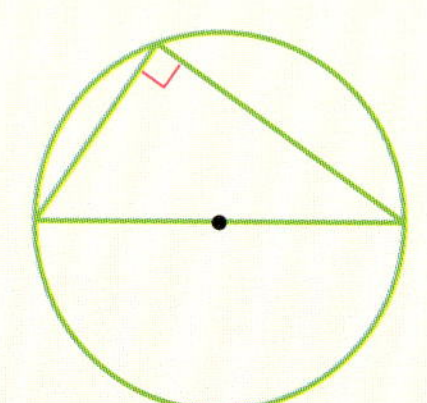

원의 지름과 원 위의 한 점을 이은 삼각형은 직각삼각형입니다.

이등변삼각형과 정삼각형을 보고, ☐ 안에 알맞은 수를 써넣으시오.

이등변삼각형

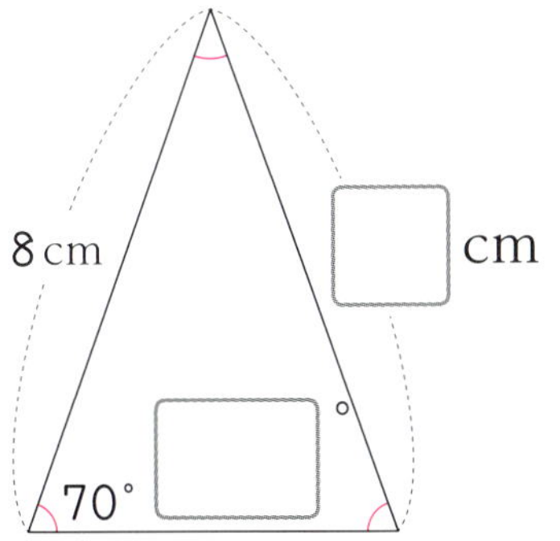

8 cm

☐ cm

70°

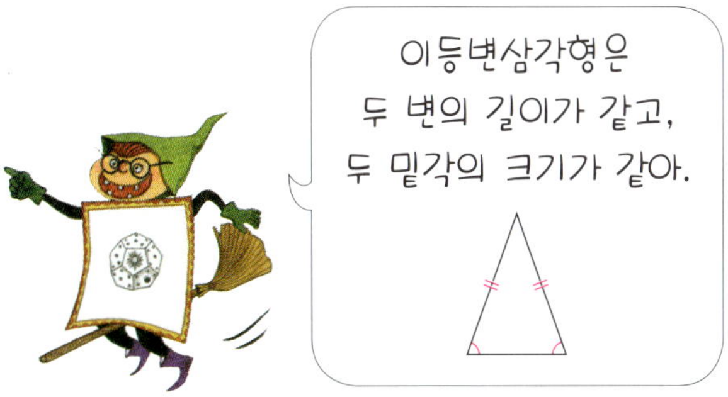

정삼각형

☐ °

7 cm

☐ cm

☐ °

60°

☐ cm

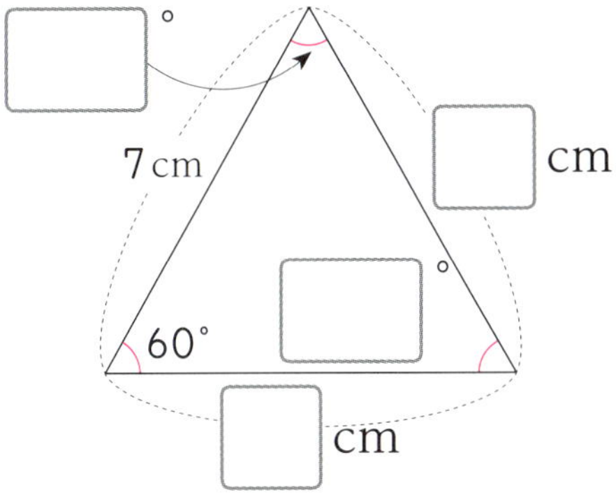

노크 포인트

① 두 변의 길이가 같은 삼각형을 이등변삼각형이라고 합니다.

　　이등변삼각형은 두 변의 길이가 같고, 두 밑각의 크기가 같습니다.

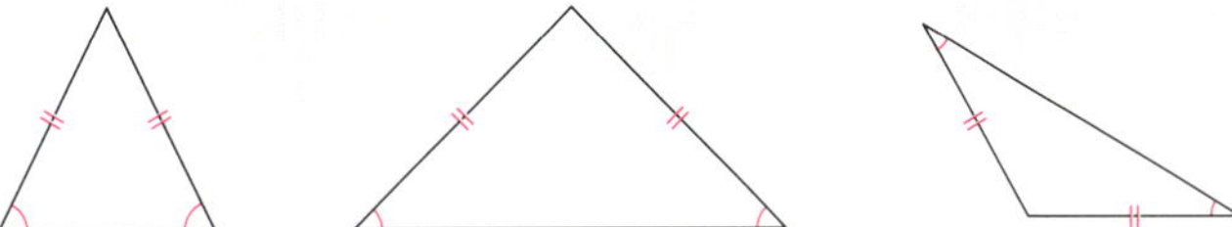

② 세 변의 길이가 같은 삼각형을 정삼각형이라고 합니다.

　　정삼각형은 세 변의 길이가 같고, 세 각의 크기가 60°로 모두 같습니다.

　　세 변의 길이가 같은 정삼각형은 두 변의 길이도 같으므로 이등변삼각형이라 할 수 있습니다.

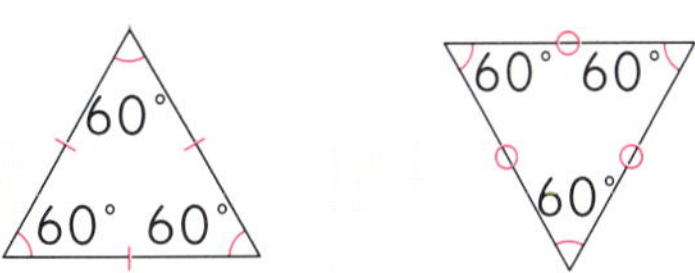

이등변삼각형

삼각형 가, 나, 다는 모두 이등변삼각형입니다. 각 ㉠의 크기를 알아봅시다.

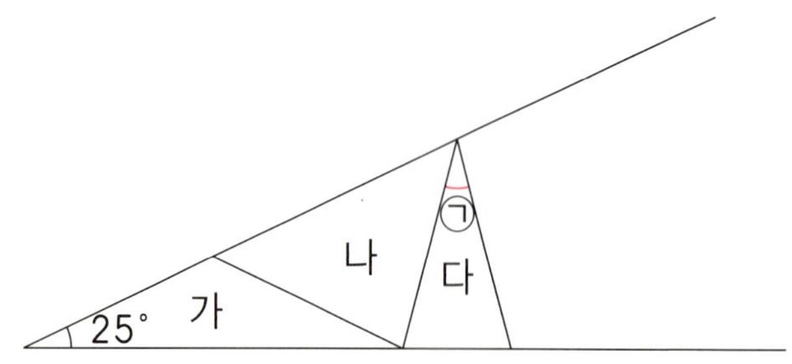

❶ 삼각형 **가**에서 길이가 같은 두 변을 ○로 표시하였습니다. 삼각형 **나**와 **다**에서 길이가 같은 변을 찾아 모두 ○로 표시하시오.

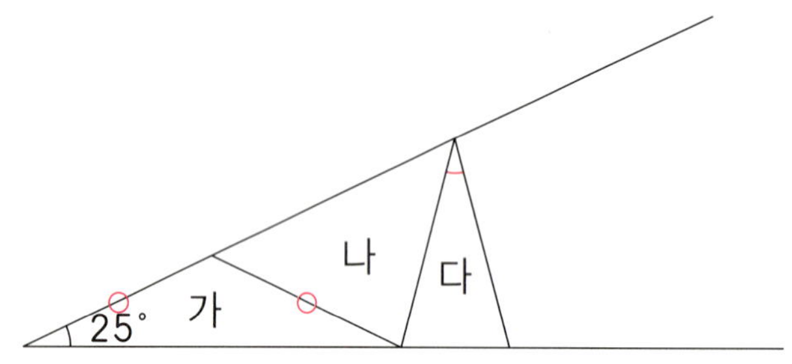

❷ 왼쪽 세 가지 설명을 보고, 번호 순서대로 ☐ 안에 알맞은 수를 써넣으시오.

① 이등변삼각형의 두 밑각의 크기는 같습니다.

② 삼각형의 세 각의 크기의 합은 180°입니다.

③ 직선을 이루는 각의 크기의 합은 180°입니다.

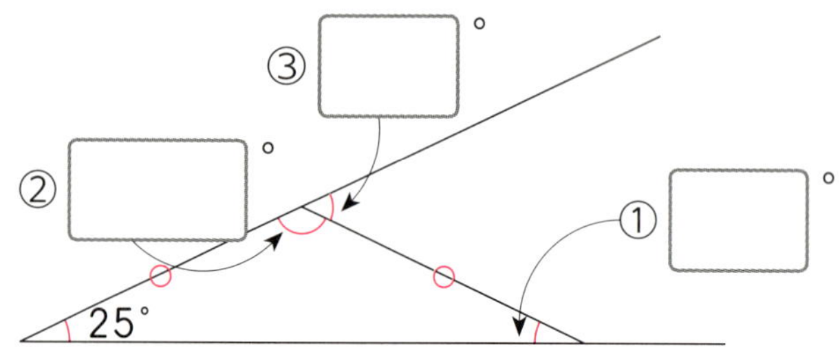

❸ ❶과 같은 방법으로 삼각형 **나**와 **다**의 각의 크기를 구하시오. 각 ㉠의 크기는 몇 도입니까?

1 다음 그림에서 삼각형 **가, 나, 다**는 모두 이등변삼각형입니다. ☐ 안에 알맞은 수를 써 넣으시오.

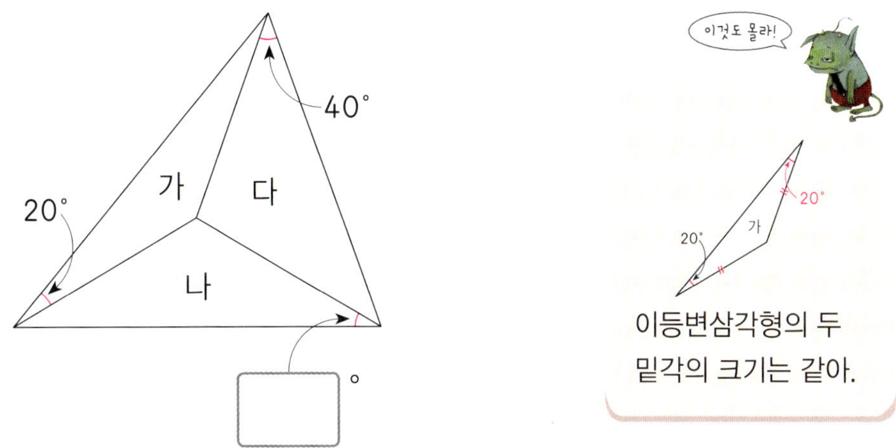

2 다음 그림에서 삼각형 **가, 나, 다**는 모두 이등변삼각형입니다. ☐ 안에 알맞은 수를 써 넣으시오.

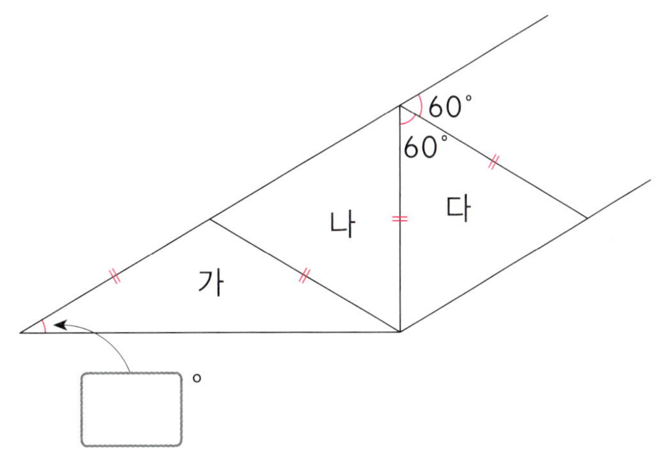

정삼각형

정사각형 모양의 색종이를 접어 정삼각형을 만듭니다. 각 ㉠의 크기를 알아봅시다.

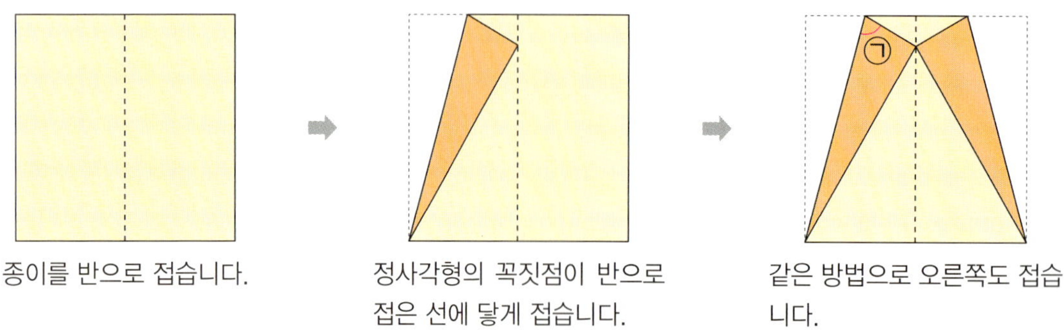

종이를 반으로 접습니다.

정사각형의 꼭짓점이 반으로 접은 선에 닿게 접습니다.

같은 방법으로 오른쪽도 접습니다.

❶ 다음 그림에서 정삼각형을 찾아 색칠하고 ☐ 안에 알맞은 수를 써넣으시오.

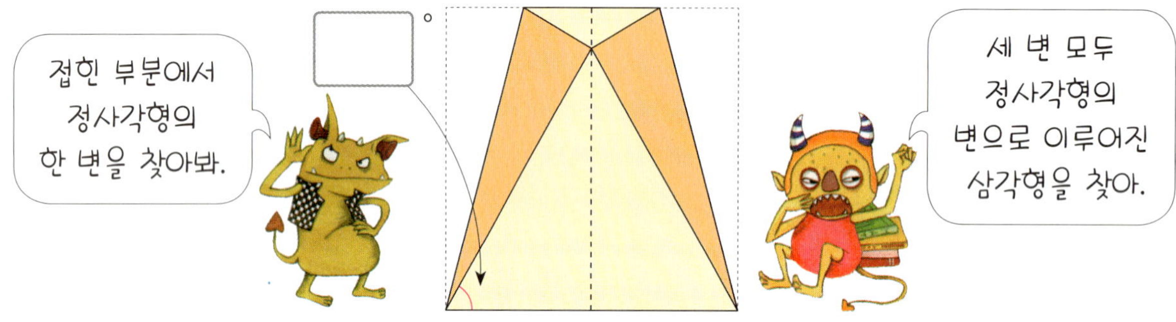

❷ 접힌 부분과 접기 전 부분의 각의 크기가 같습니다. ☐ 안에 알맞은 수를 써넣으시오.

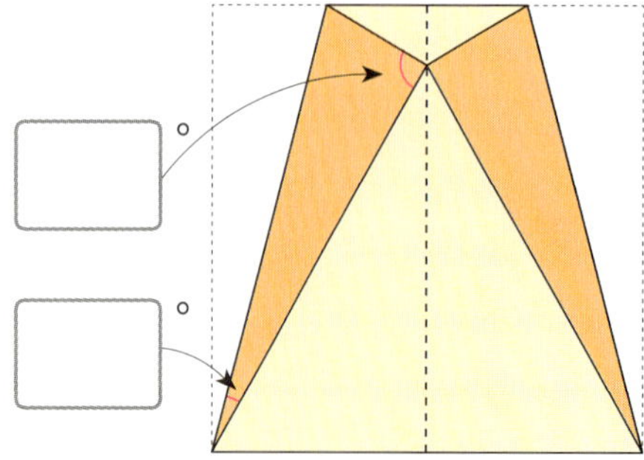

❸ 삼각형의 세 각의 크기의 합은 180°입니다. 각 ㉠의 크기는 몇 도입니까?

1 다음 그림에서 색칠한 삼각형은 정삼각형입니다. ☐ 안에 알맞은 수를 써넣으시오.

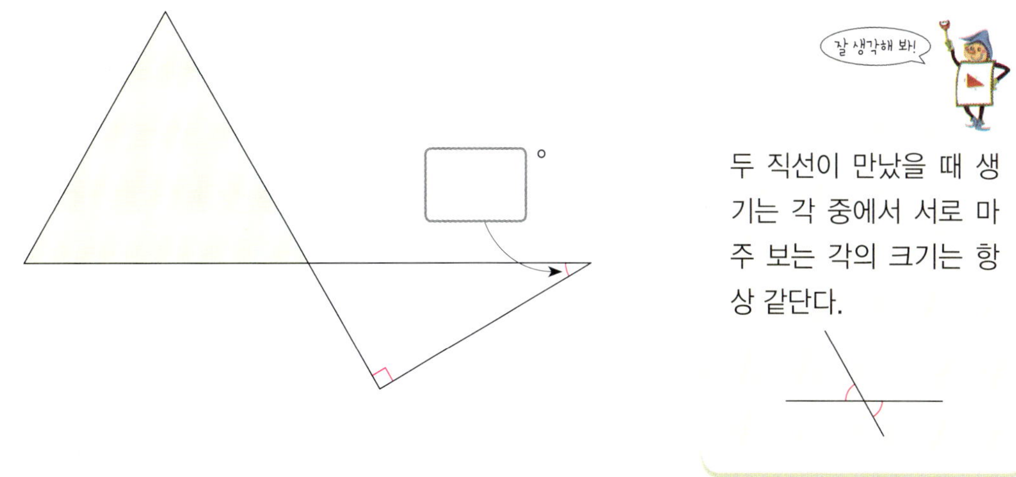

2 크기가 같은 정삼각형 2개를 다음과 같이 포개어 놓았습니다. ☐ 안에 알맞은 수를 써넣으시오.

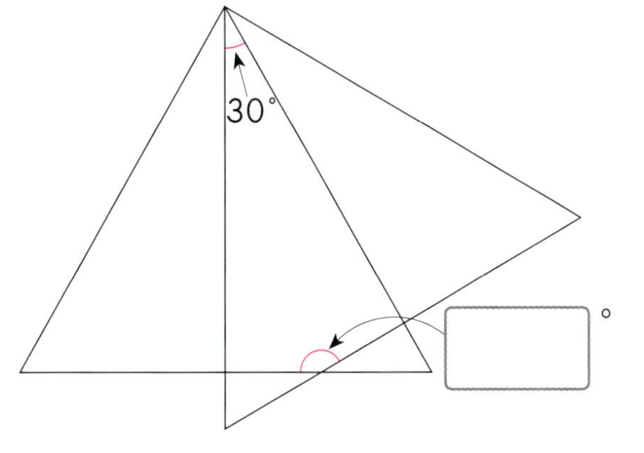

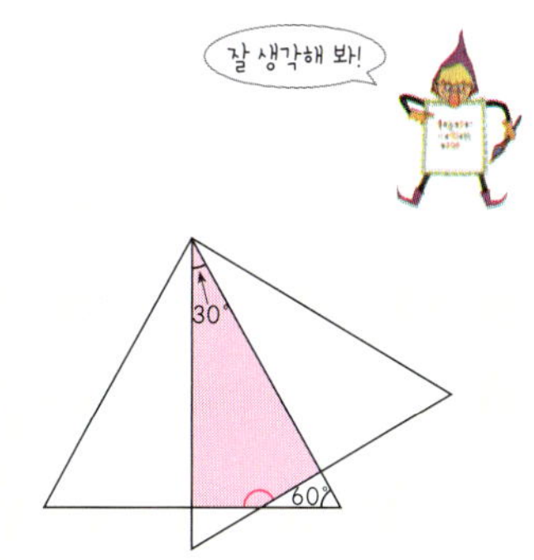

색칠한 사각형에서 표시된 각의 크기를 구할 수 있어. 사각형의 네 각의 크기의 합이 360°라는 건 알지?

대마법사 멀린은 정사각형 안에 정삼각형을 그린 후 다음과 같이 꼭짓점끼리 선으로 이었습니다.

다음은 정사각형 위에 정삼각형을 붙여 그린 후 꼭짓점끼리 선으로 이은 도형입니다. 이등변삼각형 3개를 더 찾아 색칠하시오.

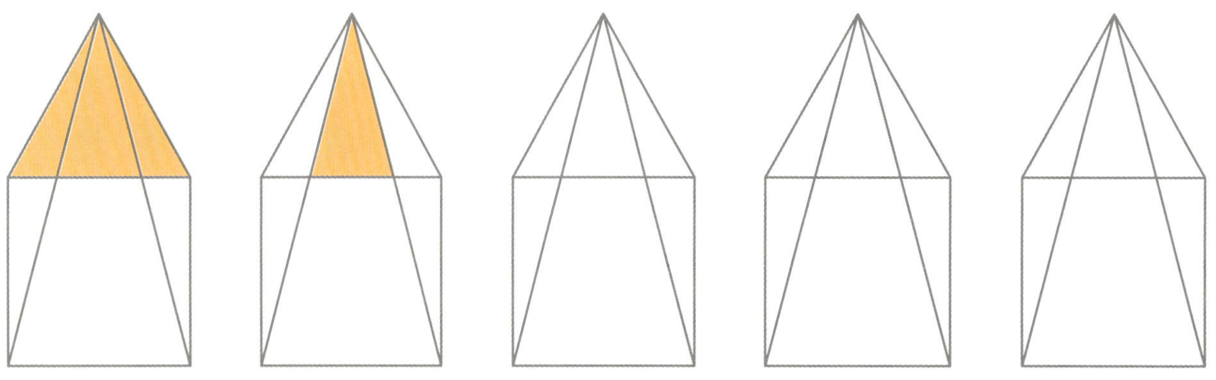

정사각형의 안과 밖에 정삼각형을 각각 붙여 그린 후 꼭짓점끼리 선으로 이었습니다.
색칠한 삼각형이 이등변삼각형이라고 할 때, ☐ 안에 알맞은 수를 써넣으시오.

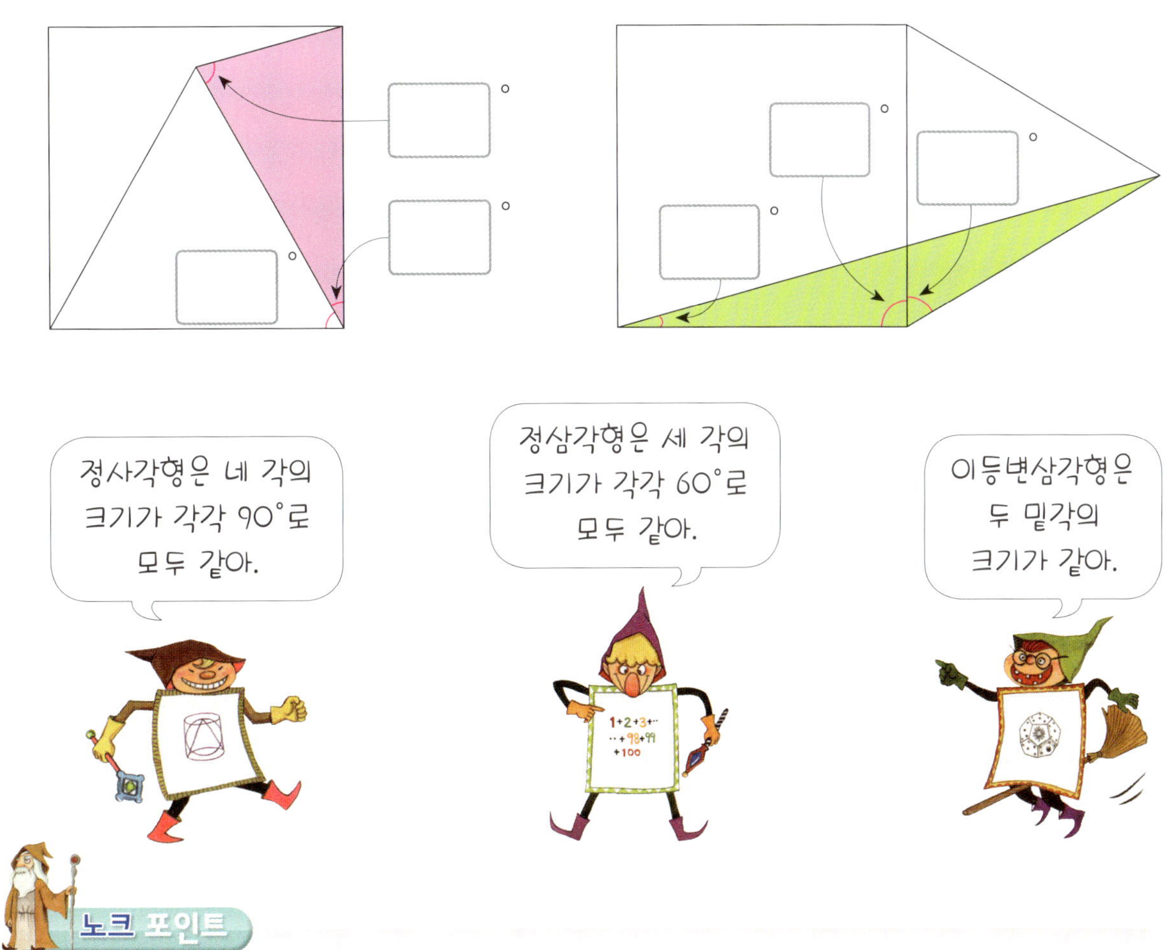

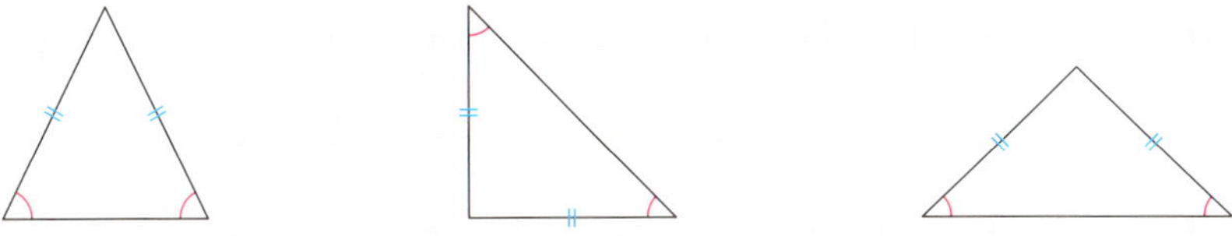

두 변의 길이가 같은 삼각형을 이등변삼각형이라고 합니다. 이등변삼각형은 두 밑각의 크기가 같습니다.

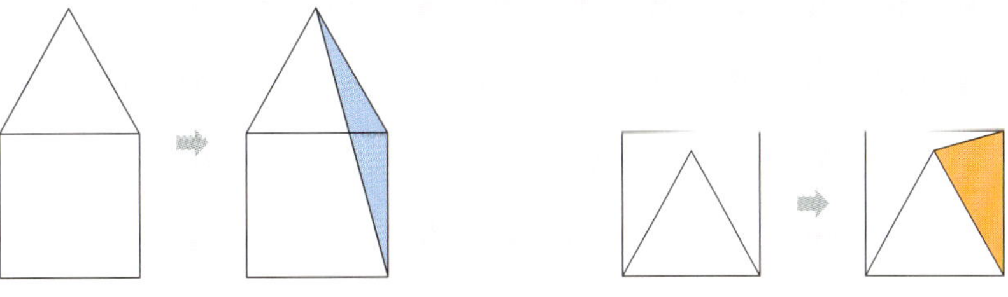

한 변의 길이가 같은 정사각형과 정삼각형을 붙여 그린 후 꼭짓점끼리 선으로 이어 이등변삼각형을 만들 수 있습니다.

이등변삼각형 찾기

색칠한 두 개의 삼각형은 크기와 모양이 같습니다. 각 ㉠의 크기를 알아봅시다.

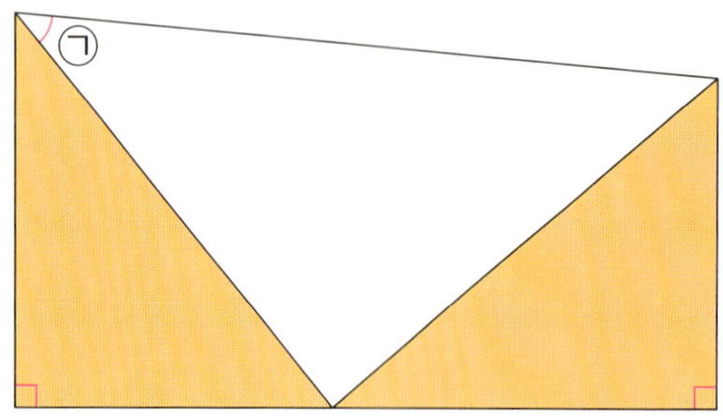

❶ 다음 오른쪽 색칠한 삼각형에서 왼쪽 색칠한 삼각형의 각 ㉡과 각 ㉢의 크기와 같은 각을 찾아 ◯ 안에 기호를 쓰고, ▢ 안에 알맞은 수를 써넣으시오.

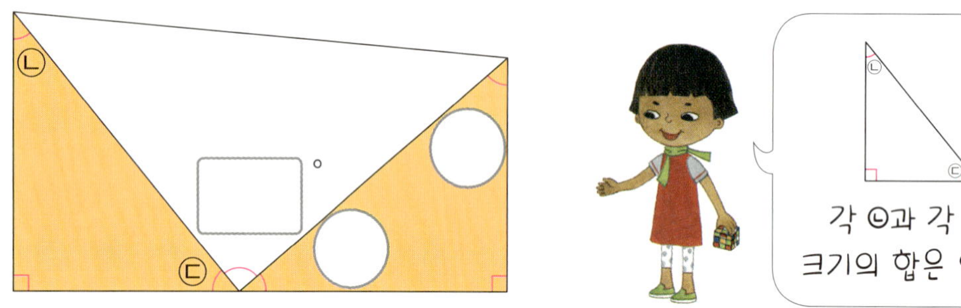

❷ 그림에서 길이가 같은 두 변을 ○로 표시하고, 이등변삼각형을 찾아 색칠하시오.

❸ 이등변삼각형의 두 밑각의 크기는 같습니다. 각 ㉠의 크기는 몇 도입니까?

1 크기와 모양이 같은 이등변삼각형 2개를 붙여 그린 후 꼭짓점끼리 선으로 이었습니다.
☐ 안에 알맞은 수를 써넣으시오.

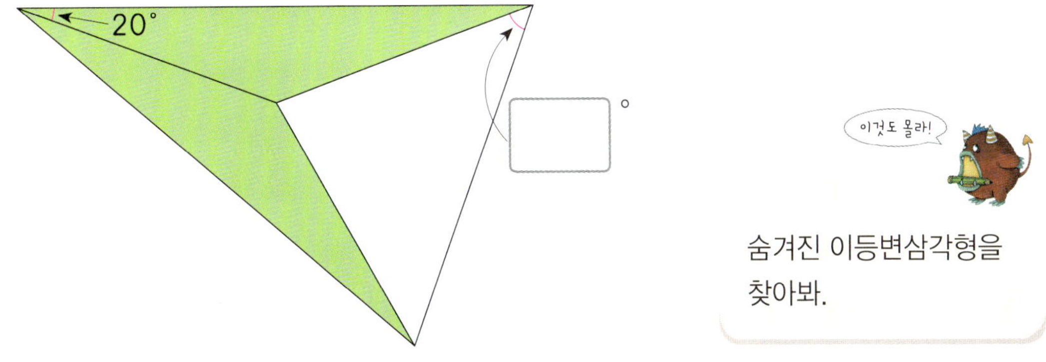

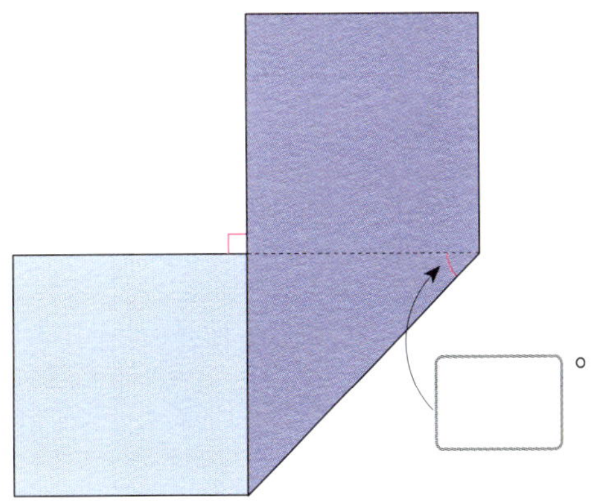

2 직사각형 모양의 띠를 직각을 이루도록 접었습니다. ☐ 안에 알맞은 수를 써넣으시오.

 # 숨겨진 이등변삼각형 찾기

정사각형 안에 정삼각형을 붙여 그린 후, 꼭짓점끼리 선으로 이었습니다. 각 ㉠의 크기를 알아봅시다.

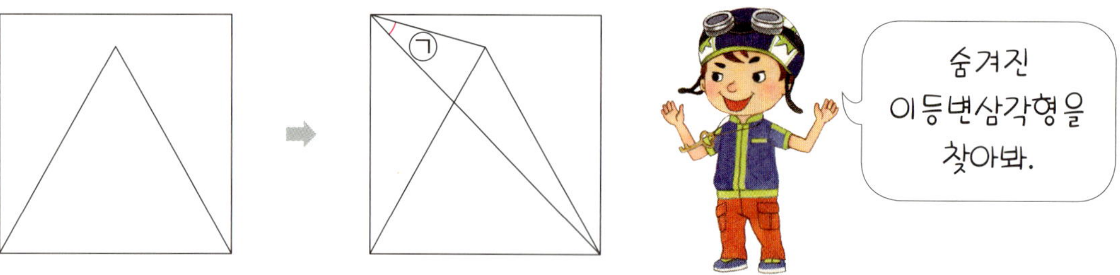

❶ 정삼각형이 아닌 이등변삼각형을 모두 찾아 색칠하시오.

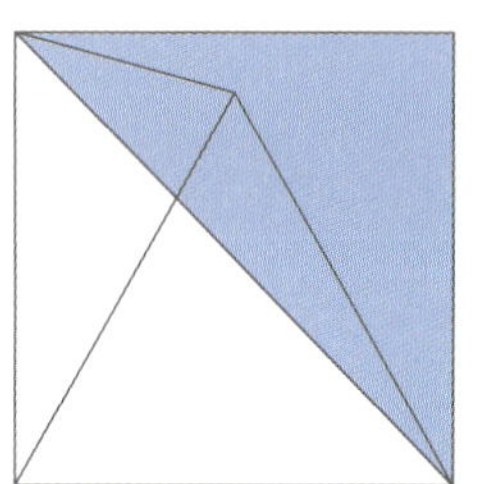 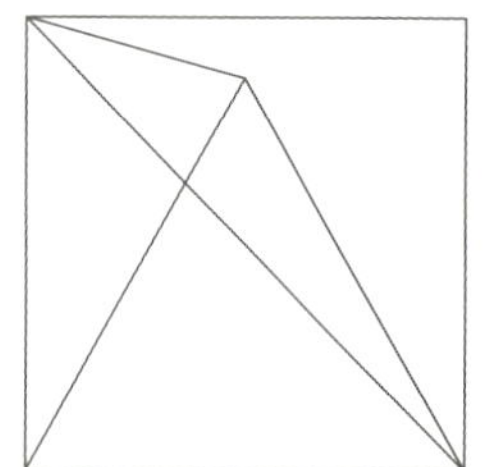 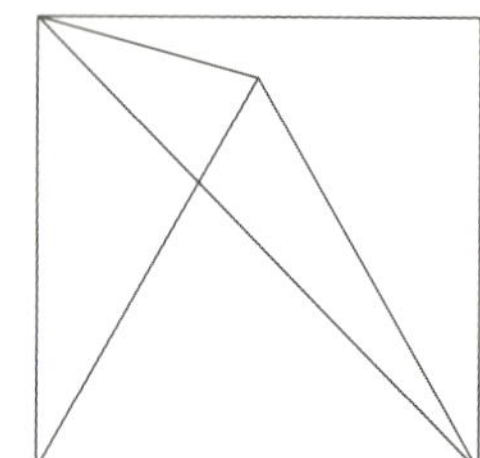

❷ 왼쪽 수학 요정의 힌트를 보고, 번호 순서대로 ☐ 안에 알맞은 수를 써넣으시오.

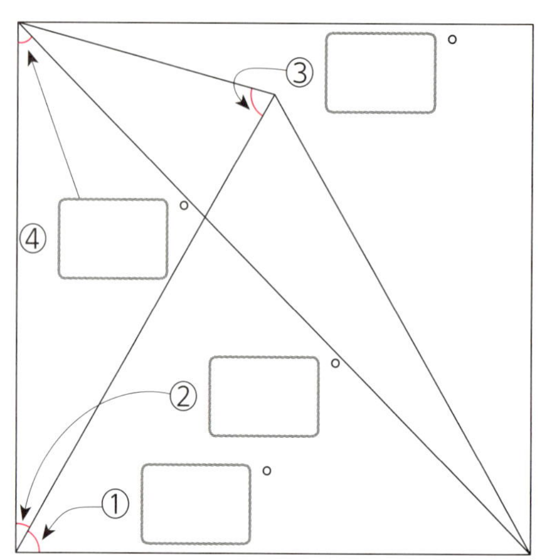

❸ 각 ㉠의 크기는 몇 도입니까?

1 정사각형 위에 색칠한 이등변삼각형을 붙여 그린 후 꼭짓점끼리 선으로 이었습니다. 번호 순서대로 ☐ 안에 알맞은 수를 써넣으시오.

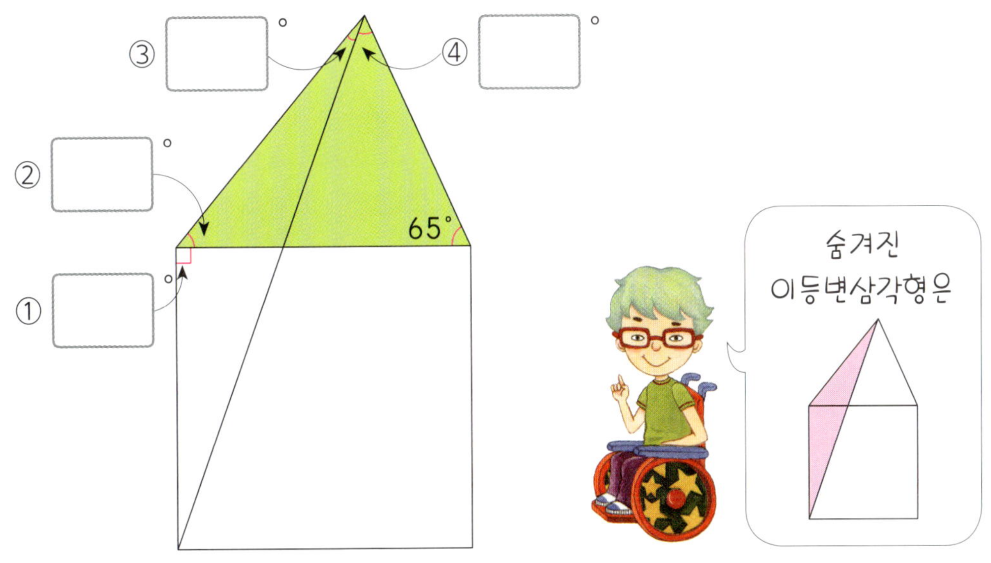

2 정사각형 안에 정삼각형을 붙여 그린 후 꼭짓점끼리 선으로 이었습니다. ☐ 안에 알맞은 수를 써넣으시오.

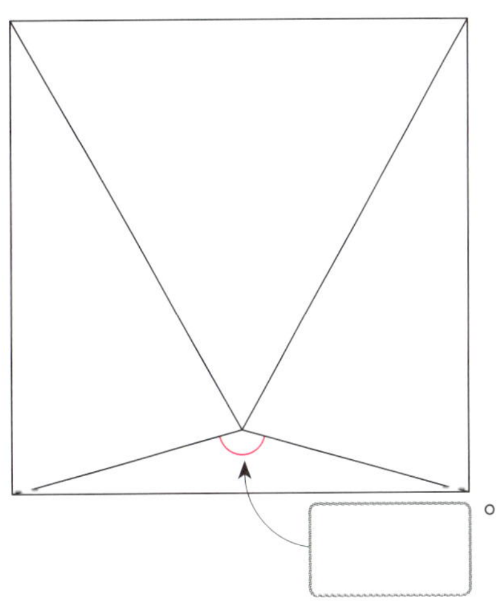

③ 정삼각형의 반쪽

초이와 지오가 정삼각형과 정사각형 모양의 색종이를 반으로 자릅니다.

다음은 정삼각형과 정사각형을 반으로 자른 모양입니다. ☐ 안에 알맞은 수를 써넣으시오.

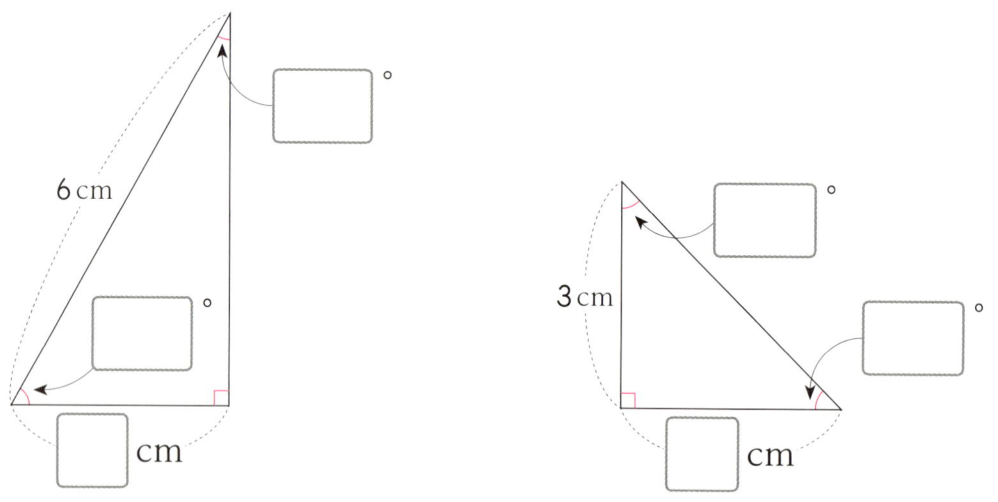

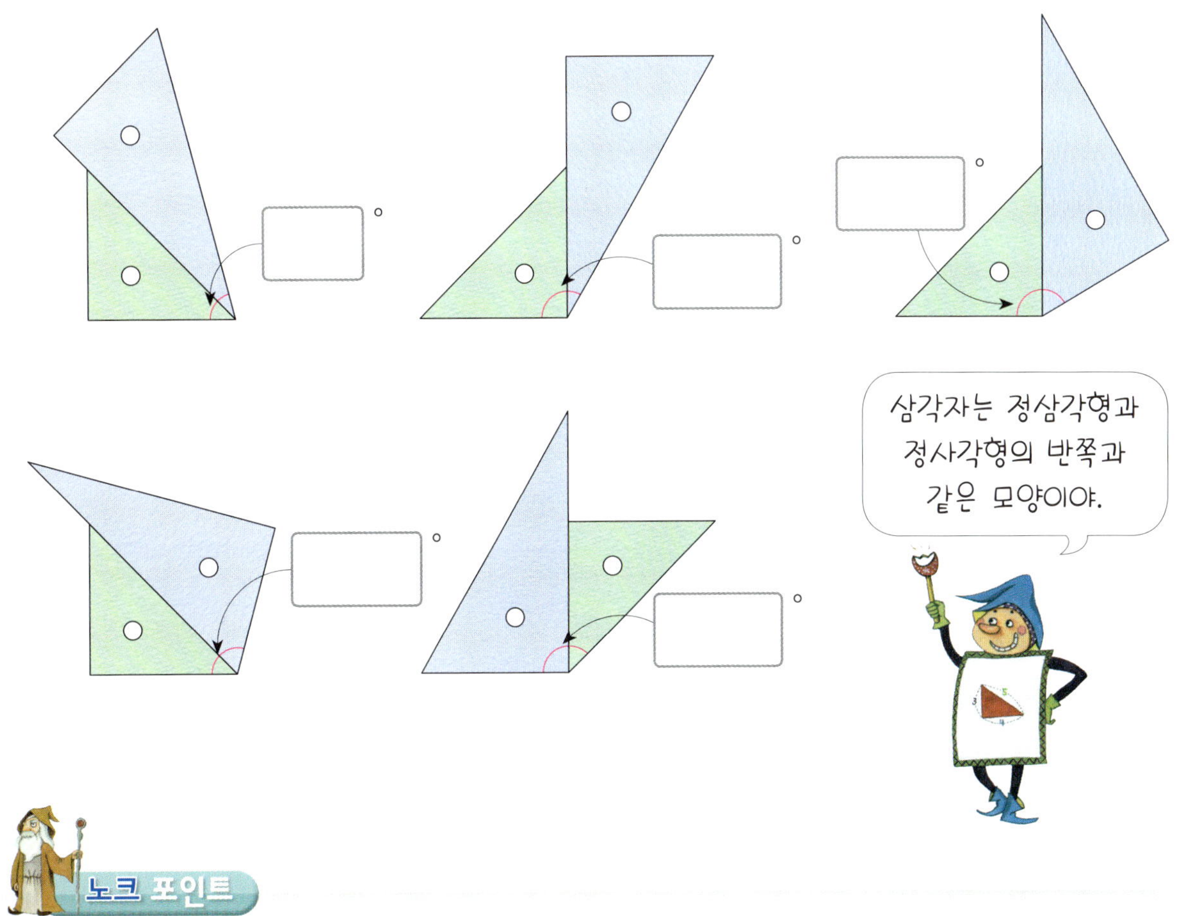

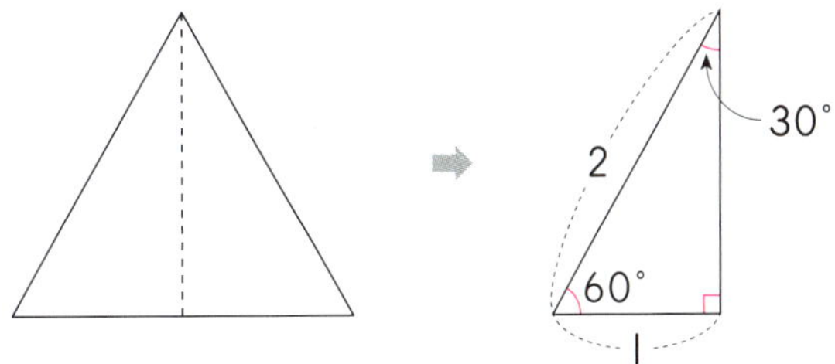

정삼각형을 모양과 크기가 같게 두 부분으로 나누면 나누어진 삼각형은 세 각의 크기가 각각 $90°$, $60°$, $30°$인 직각삼각형이 되고, 가장 긴 변은 가장 짧은 변의 길이의 2배가 됩니다.

정사각형을 똑같은 삼각형 두 개로 나누면 나누어진 삼각형은 세 각의 크기가 각각 $90°$, $45°$, $45°$인 직각삼각형이 되고, 동시에 두 변의 길이가 같은 이등변삼각형이 됩니다.

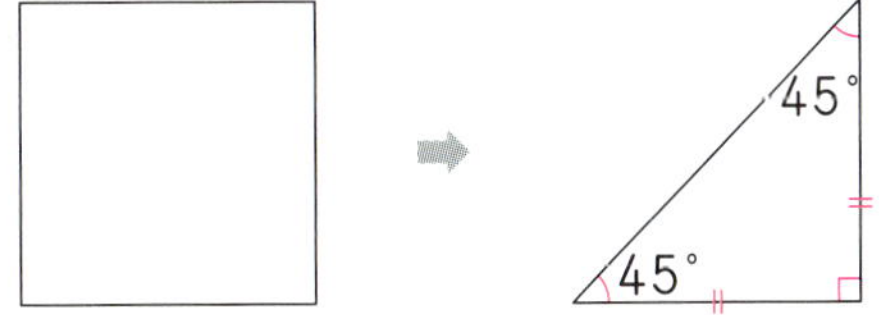

삼각자

삼각자 2개를 겹쳐서 놓았습니다. 각 ㉠의 크기를 알아봅시다.

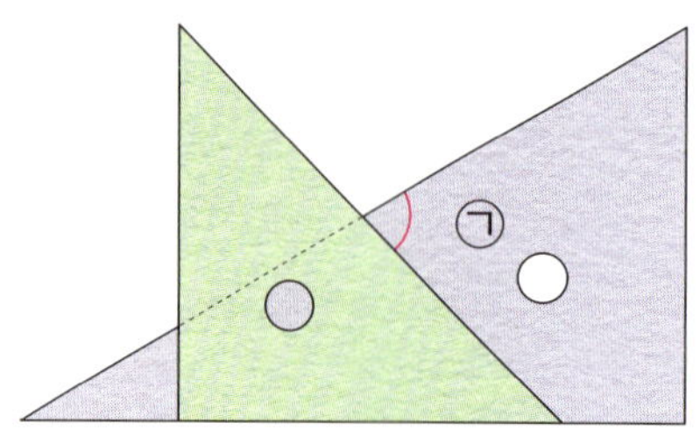

❶ 삼각자는 정삼각형과 정사각형의 반쪽 모양과 같습니다. 삼각자의 각의 크기를 구하시오.

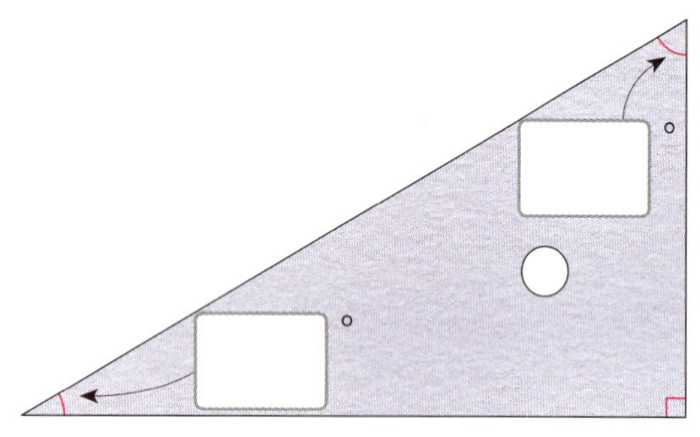

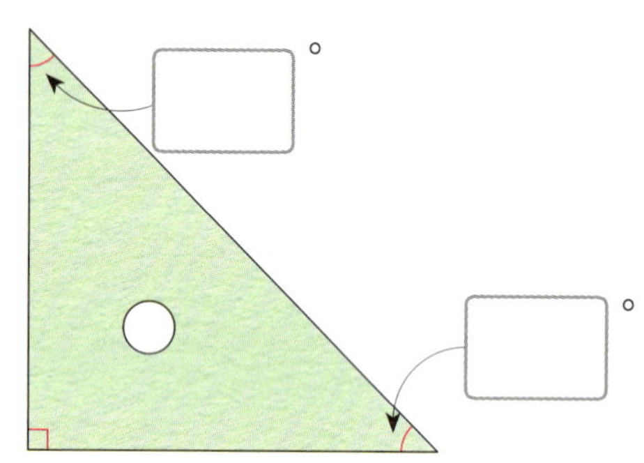

❷ 겹쳐서 놓은 삼각자입니다. ☐ 안에 알맞은 수를 써넣으시오.

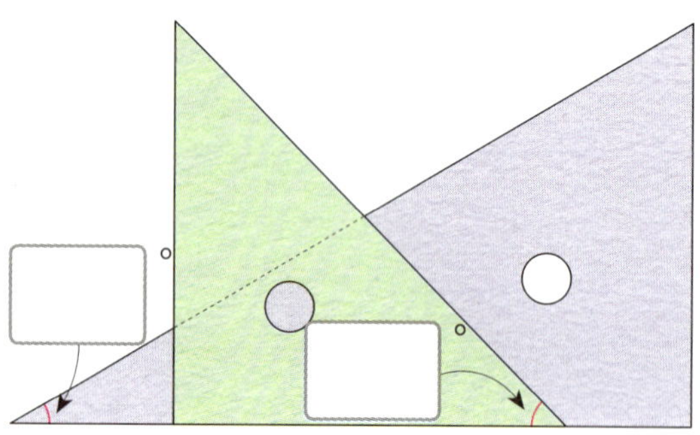

❸ 분홍색 삼각형의 세 각의 크기의 합은 180°입니다. ☐ 안에 알맞은 수를 써넣으시오. 각 ㉠의 크기는 몇 도입니까?

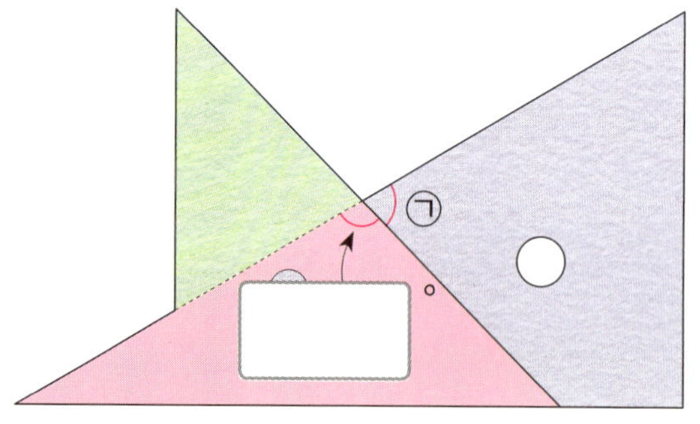

1 다음은 삼각자 2개를 겹쳐서 놓은 것을 본 떠 그린 것입니다. ☐ 안에 알맞은 수를 써 넣으시오.

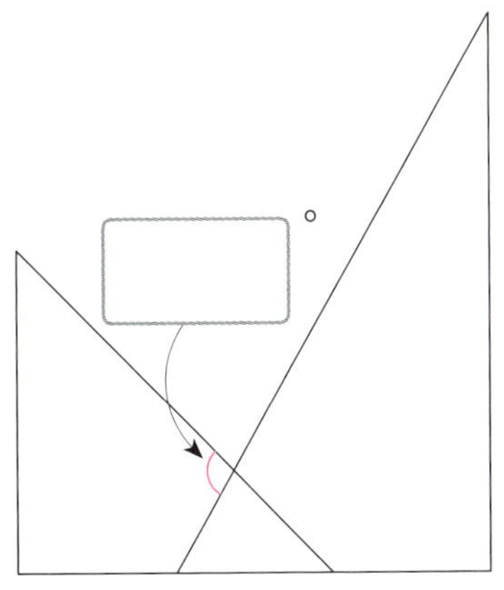

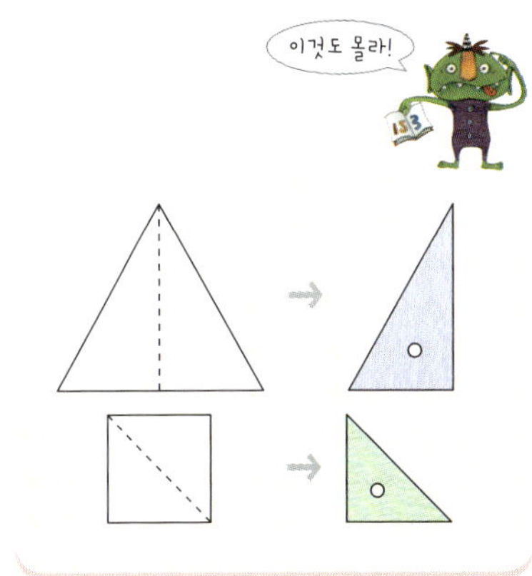

2 다음과 같이 삼각자 2개를 겹쳤습니다. ☐ 안에 알맞은 수를 써넣으시오.

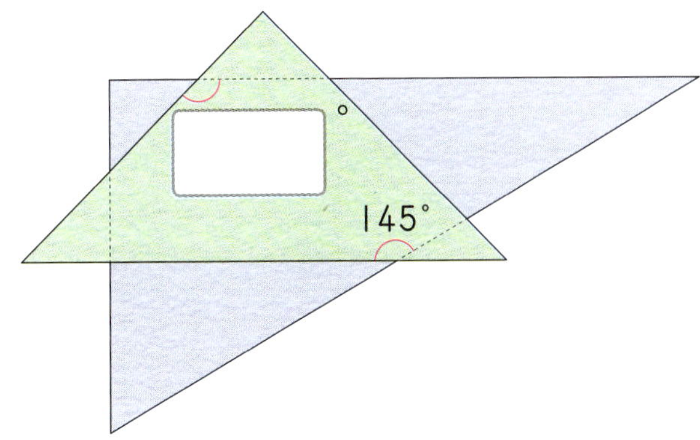

반쪽짜리 정삼각형

원의 중심이 점 ㅇ이고, 반지름이 6 cm인 원에 삼각형을 그렸습니다. 선분 ㄴㄷ의 길이를 알아봅시다.

❶ 색칠한 삼각형은 이등변삼각형입니다. 아래의 설명을 보고, 번호 순서대로 ☐ 안에 알맞은 수를 써넣으시오.

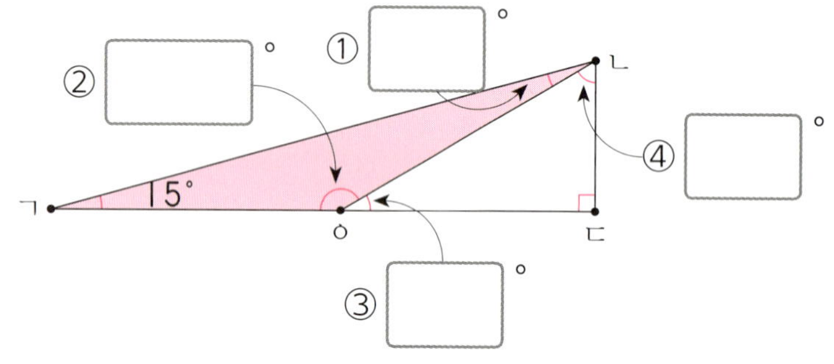

① 이등변삼각형의 두 밑각의 크기는 같습니다.
② 삼각형의 세 각의 크기의 합은 180°입니다.
③ 일직선을 이루는 각의 크기의 합은 180°입니다.
④ 삼각형의 세 각의 크기의 합은 180°입니다.

❷ 다음 색칠한 삼각형은 정삼각형의 반쪽과 같습니다. ☐ 안에 알맞은 수를 써넣으시오. 선분 ㄴㄷ의 길이는 몇 cm입니까?

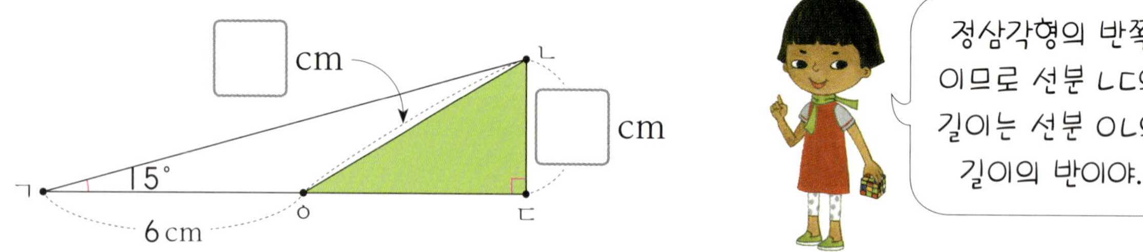

1

[원에 맞닿은 정삼각형의 반쪽]

점 ㅇ은 원의 중심입니다. ☐ 안에 알맞은 수를 써넣으시오.

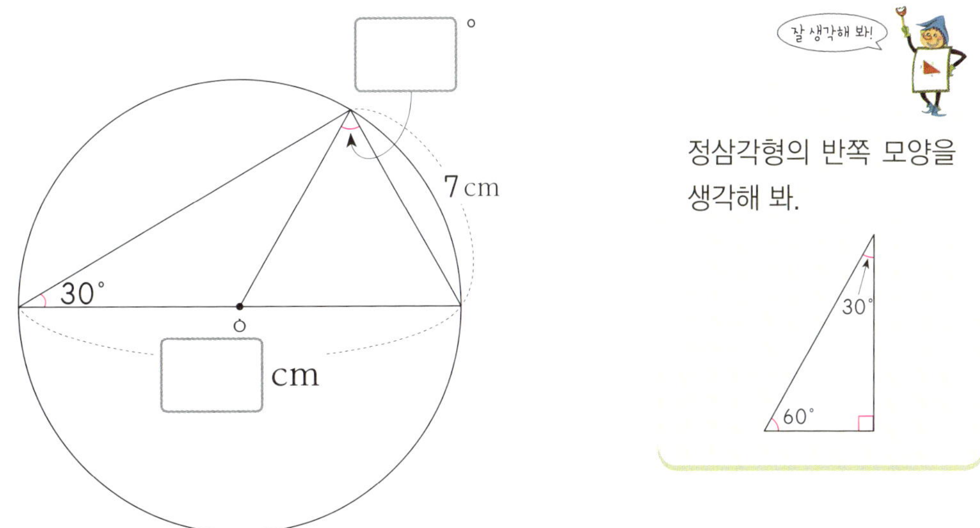

정삼각형의 반쪽 모양을
생각해 봐.

2

[원에 맞닿은 정삼각형]

반지름이 22 cm인 원의 둘레에 꼭짓점이 닿도록 정삼각형을 그렸습니다. 점 ㅇ이 원의 중심이라고 할 때 ☐ 안에 알맞은 수를 써넣으시오.

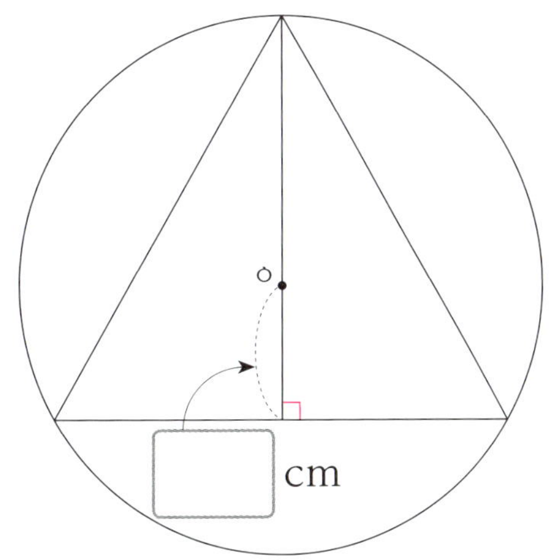

색칠한 삼각형의 세 각의
크기를 구해 봐.

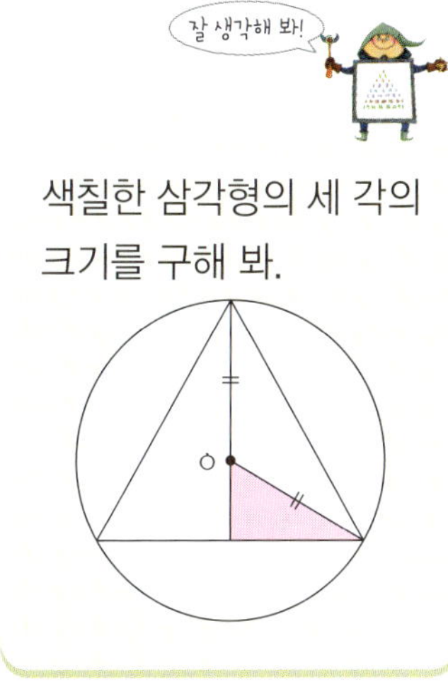

창의적 문제해결력

1 이등변삼각형 2개를 겹쳐 그렸습니다. 색칠한 부분의 둘레는 몇 cm입니까?

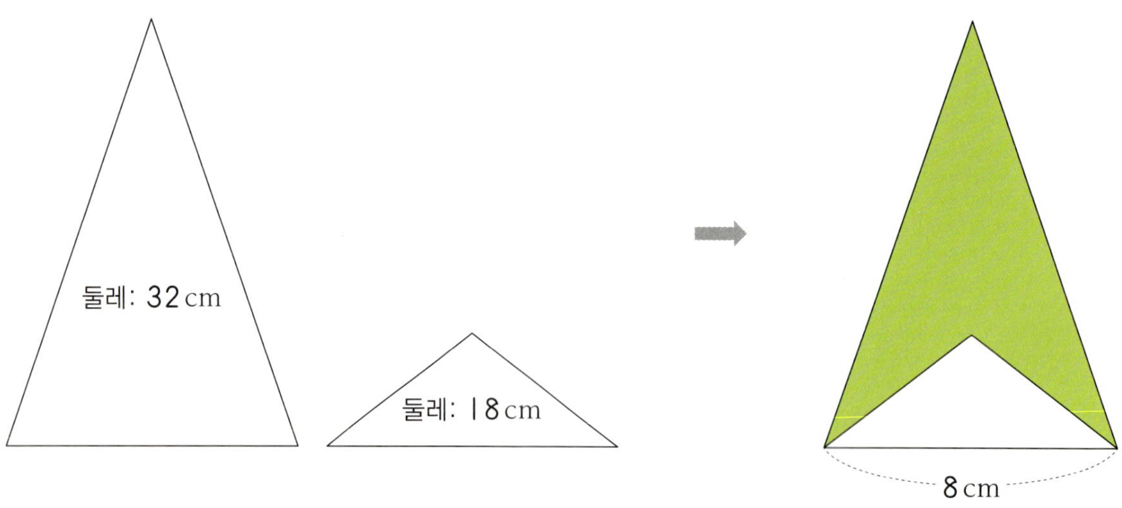

2 한 각이 직각인 이등변삼각형 안에 정사각형을 그렸습니다. ☐ 안에 알맞은 수를 써 넣으시오.

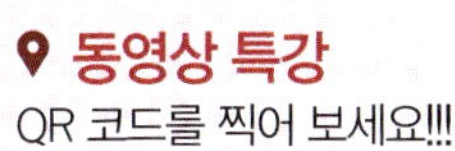

3 다음 그림에서 ☐ 안에 알맞은 수를 써넣으시오.

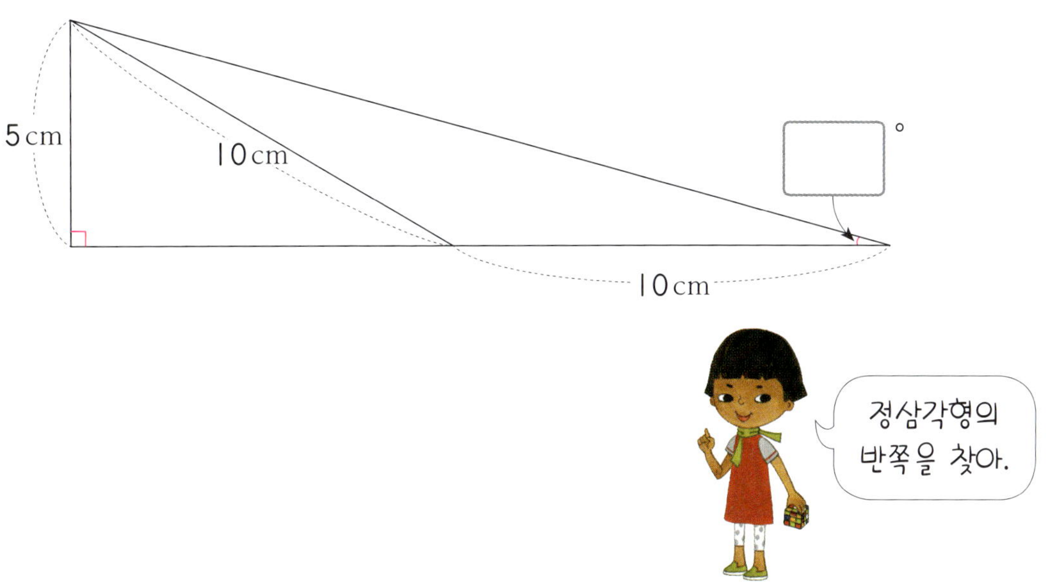

4 정사각형 안에 정삼각형 2개를 겹쳐 그린 후 꼭짓점을 이었습니다. ☐ 안에 알맞은 수를 써넣으시오.

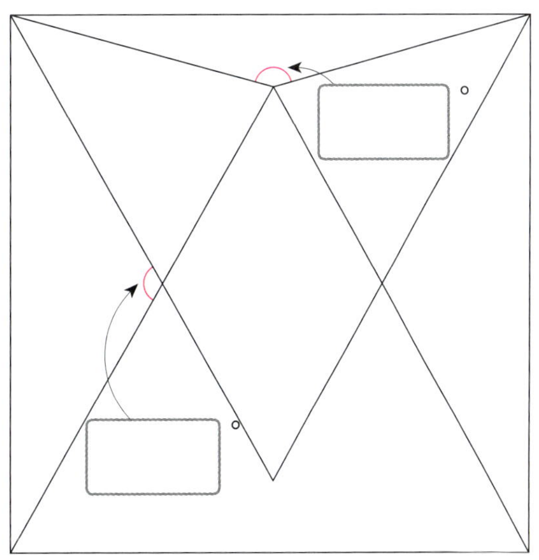

삼각형과 각의 개수

삼각형의 개수와 가짓수

대마왕이 마법을 전수할 부하 요괴를 찾고 있습니다.

대마왕

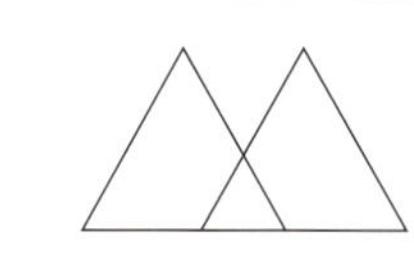

울보 요괴

딴소리 요괴

부하 요괴 중 거꾸로 요괴, 잘난척 요괴, 장난 요괴가 대마왕이 낸 문제에 도전합니다.

꼬마 요괴들이 정삼각형 2개를 그린 모양입니다. 크고 작은 정삼각형은 모두 몇 개입니까?

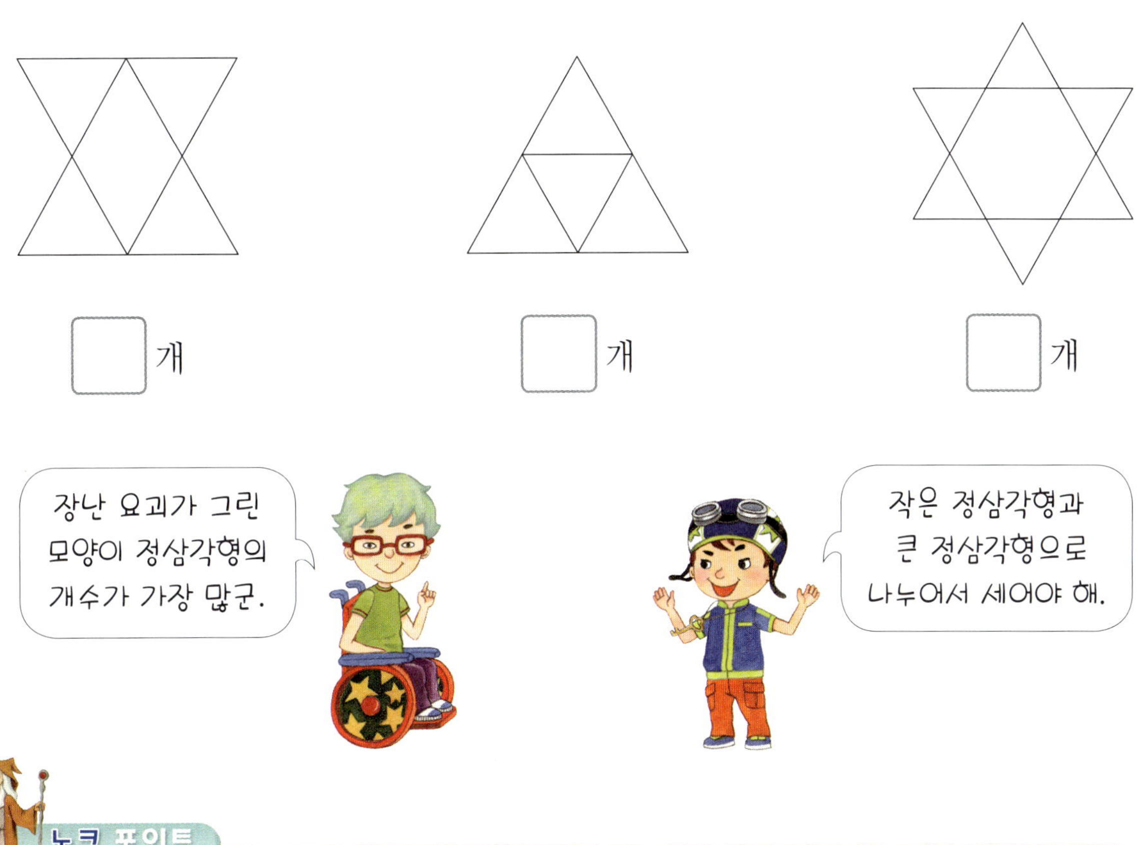

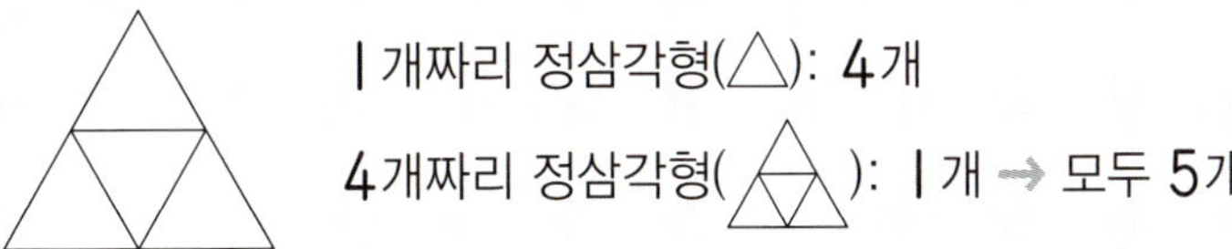

크고 작은 삼각형의 개수를 셀 때 크기와 모양이 다른 삼각형을 찾은 다음, 각 종류별로 삼각형의 개수를 셉니다.

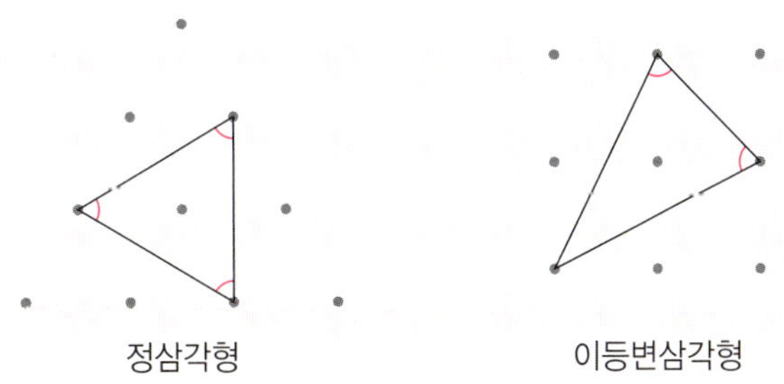

1개짜리 정삼각형(△): 4개
4개짜리 정삼각형( ): 1개 → 모두 5개

점판에서 점을 이어 만들 수 있는 삼각형의 가짓수를 구할 때 다음과 같은 삼각형을 찾는 것에 주의해야 합니다.

정삼각형   이등변삼각형

# 크고 작은 삼각형의 개수

작은 정삼각형을 붙여 만든 도형입니다. 다음 도형에서 선을 따라 그릴 수 있는 크고 작은 정삼각형의 개수를 알아봅시다.

❶ 여러 가지 크기의 △ 모양의 정삼각형입니다. 각각의 개수를 세어 알맞은 수를 ☐ 안에 써넣으시오.

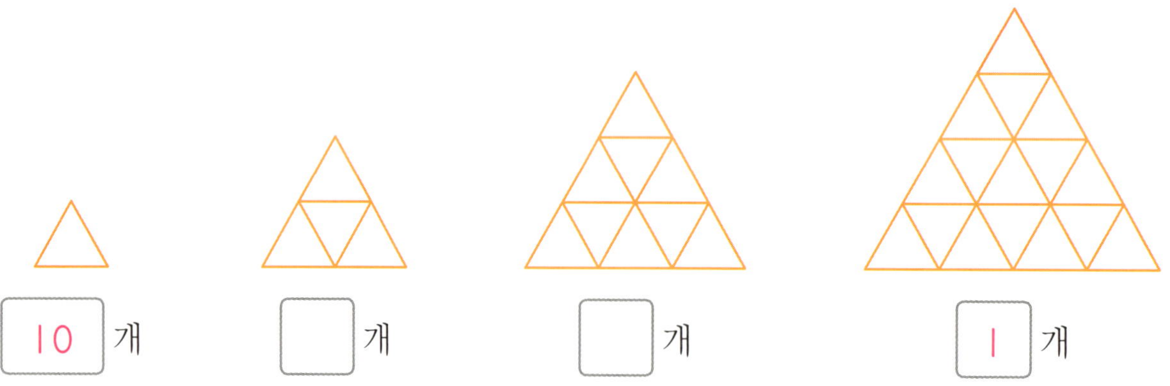

10 개 ☐ 개 ☐ 개 1 개

❷ 도형에서 찾을 수 있는 ▽ 모양의 정삼각형을 그리고, 각각의 개수를 구하시오.

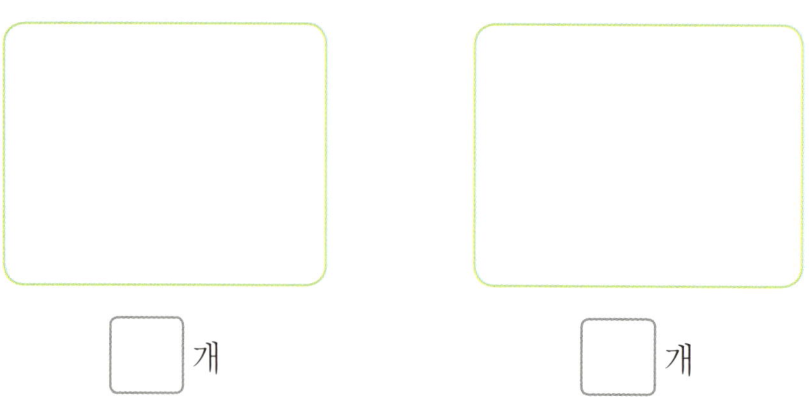

☐ 개 ☐ 개

❸ 크고 작은 정삼각형은 모두 몇 개입니까?

1 크기가 같은 정삼각형 12개를 붙여서 다음과 같은 모양을 만들었습니다. 이 모양에서 찾을 수 있는 크고 작은 정삼각형은 모두 몇 개입니까?

2 다음은 작은 정사각형 4개를 붙인 후 마주 보는 꼭짓점을 이은 것입니다. 이 모양에서 찾을 수 있는 크고 작은 이등변삼각형은 모두 몇 개입니까?

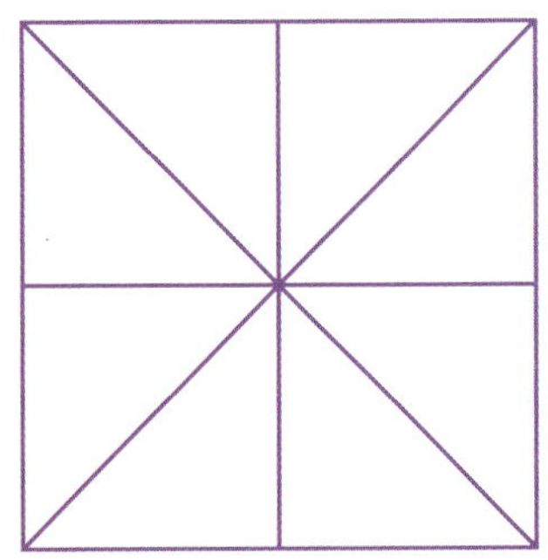

 # 점을 이어 만든 삼각형의 가짓수

일정한 간격으로 9개의 점이 찍혀 있습니다. 점을 이어 만들 수 있는 모양 또는 크기가 다른 이등변삼각형은 모두 몇 가지인지 알아봅시다.

❶ 두 점을 이어서 길이가 다른 선분 5가지를 그려 보시오.

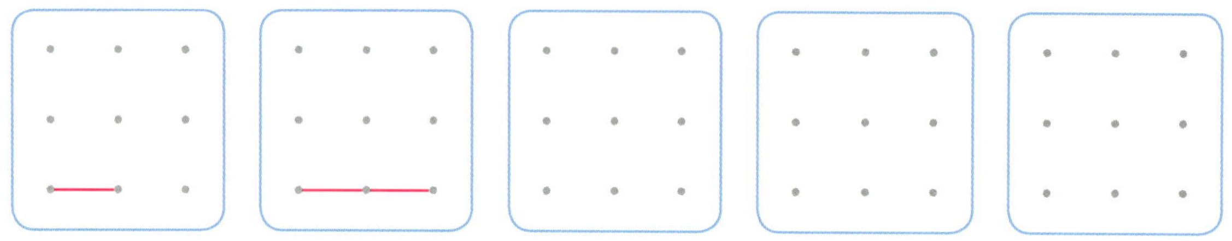

❷ ❶에서 구한 선분을 길이가 다른 변으로 하는 서로 다른 이등변삼각형을 그려 보시오. (단, 그릴 수 없는 것은 ✕표 합니다.)

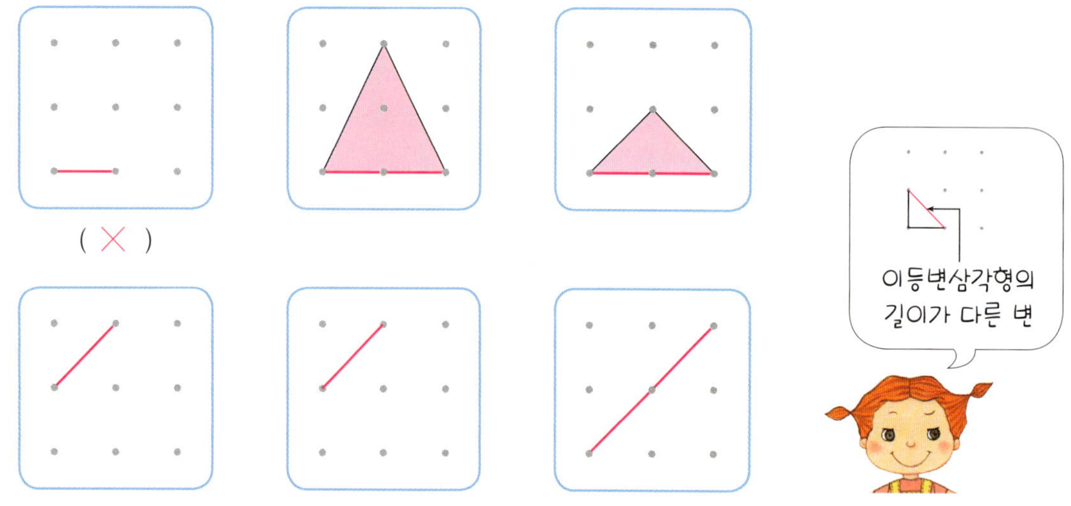

❸ 모양 또는 크기가 다른 이등변삼각형은 모두 몇 가지입니까?

1 점을 이어 만들 수 있는 서로 다른 정삼각형을 4가지 그려 보시오.

2 가로, 세로 일정한 간격으로 9개의 점이 찍혀 있습니다. 점을 이어 만들 수 있는 서로 다른 이등변삼각형을 그려 보시오. 모두 몇 가지입니까?

꼬마 요괴 셋이 각의 크기가 커지게 하는 마법을 부리고 있습니다.

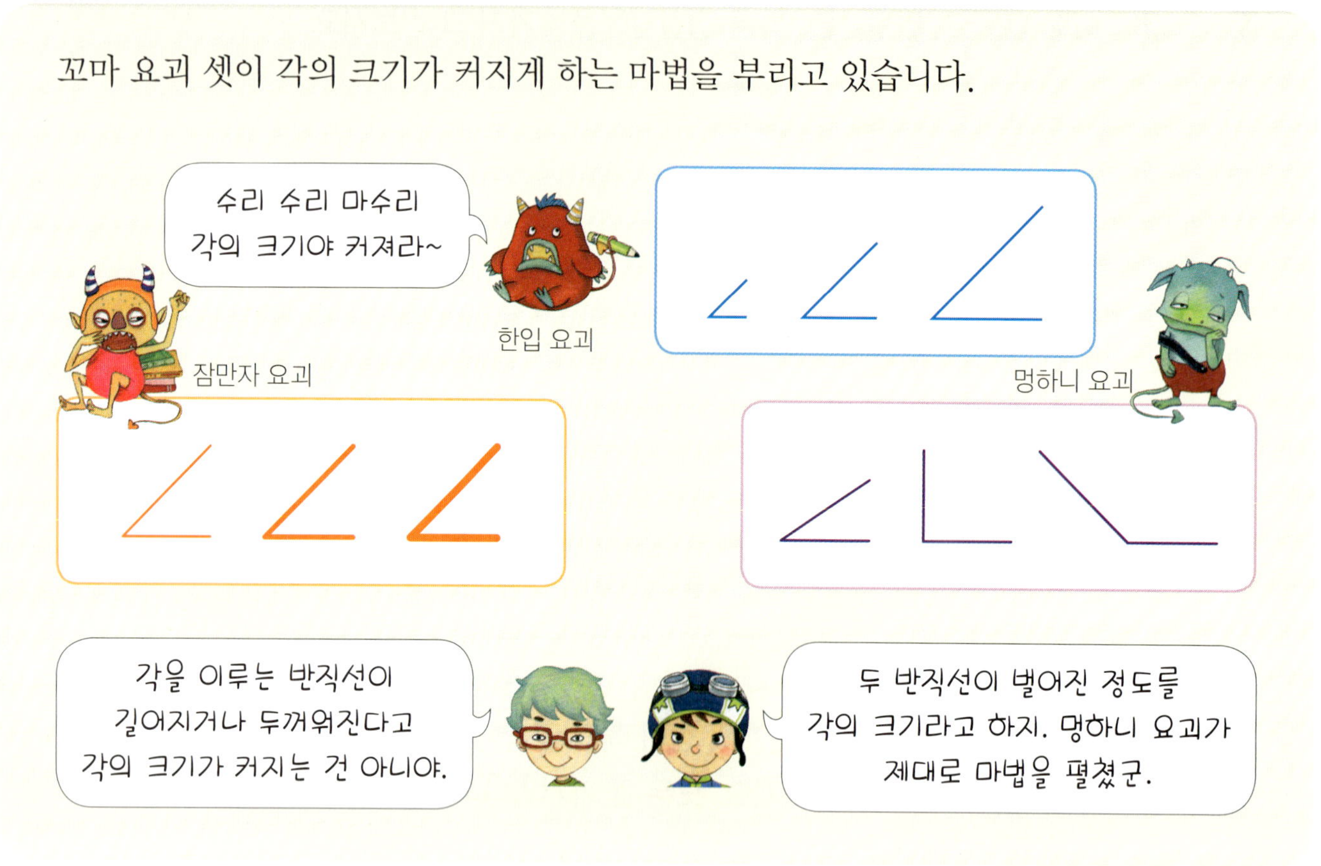

0°보다 크고 직각보다 작은 각을 예각, 직각보다 크고 180°보다 작은 각을 둔각이라고 합니다. ☐ 안에 직각, 예각, 둔각을 알맞게 써넣으시오.

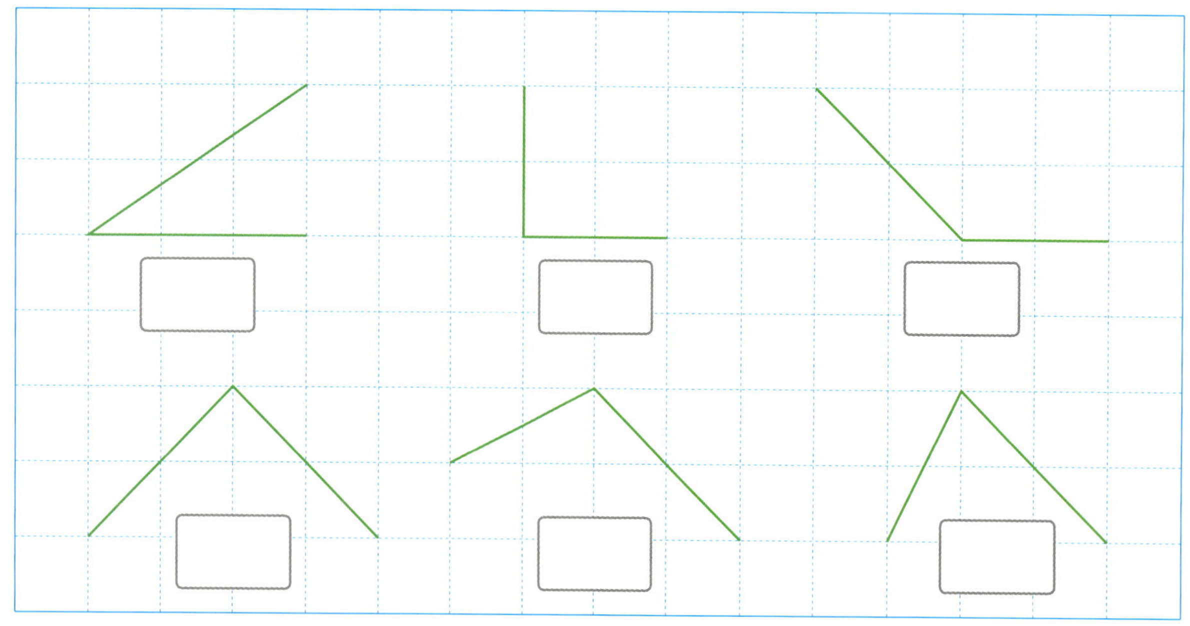

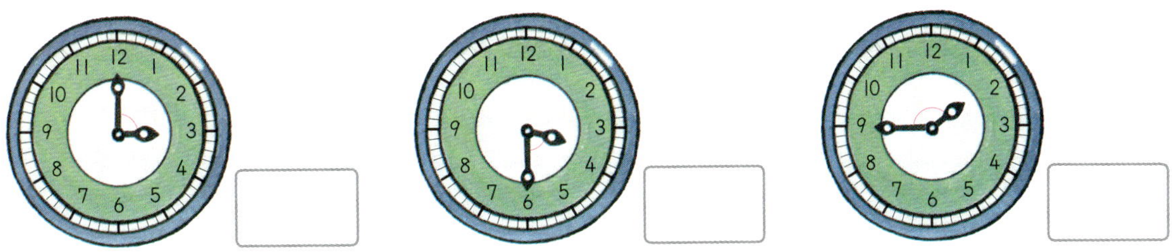

시각에 맞게 시계의 긴바늘과 짧은바늘을 그리고, 긴바늘과 짧은바늘이 이루는 작은 각이 직각, 예각, 둔각 중에서 어떤 각인지 ☐ 안에 써넣으시오.

5시 40분   11시 15분   9시

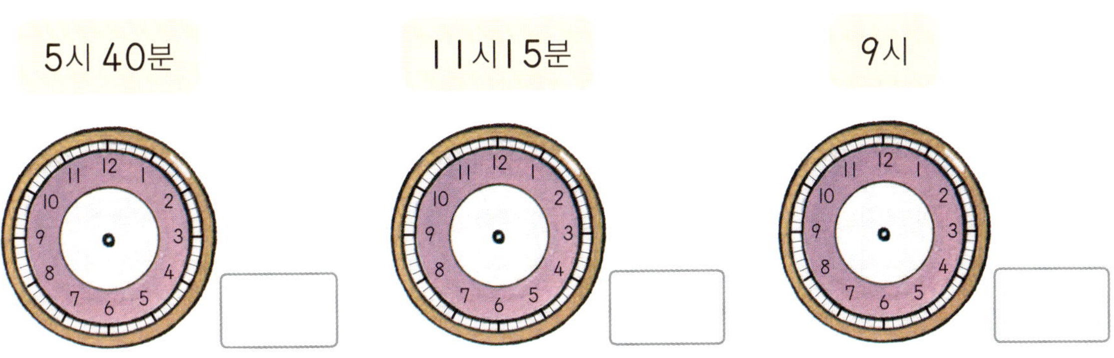

한 점에서 그은 두 개의 반직선으로 이루어진 도형을 각이라고 합니다.

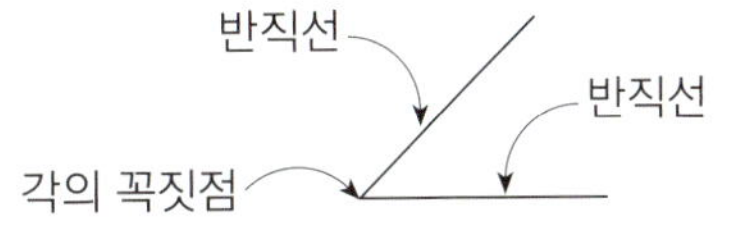

0°보다 크고 직각(90°)보다 작은 각을 예각, 직각보다 크고 180°보다 작은 각을 둔각이라고 합니다.

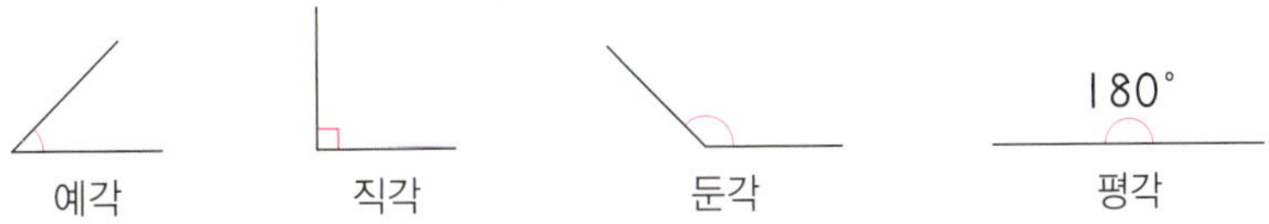

각 겹치기

두 개의 각을 각의 꼭짓점이 겹치도록 그린 다음 겹쳐진 각에서 찾을 수 있는 예각, 직각, 둔각의 개수를 알아본 것입니다.

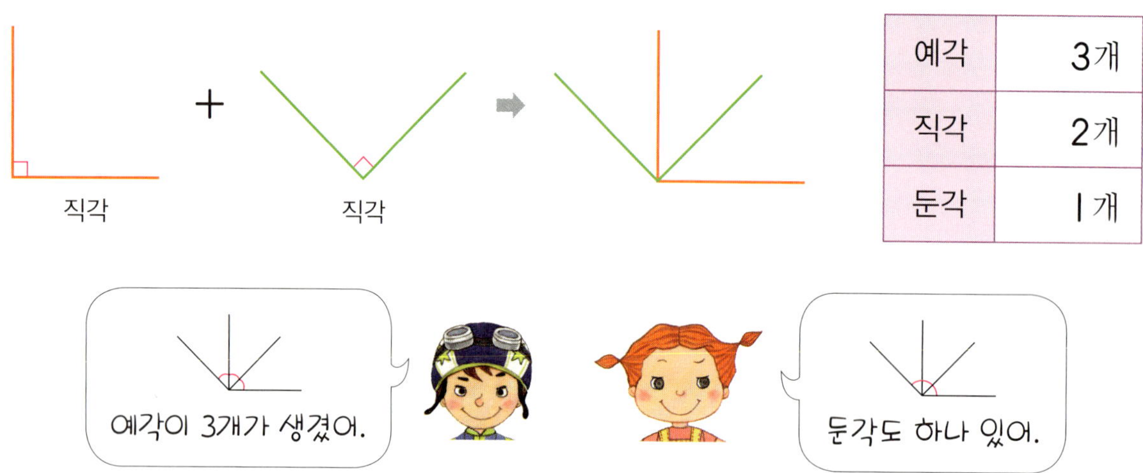

다음과 같이 두 개의 각을 겹칠 때 생기는 예각, 직각, 둔각의 개수를 빈칸에 써넣으시오.

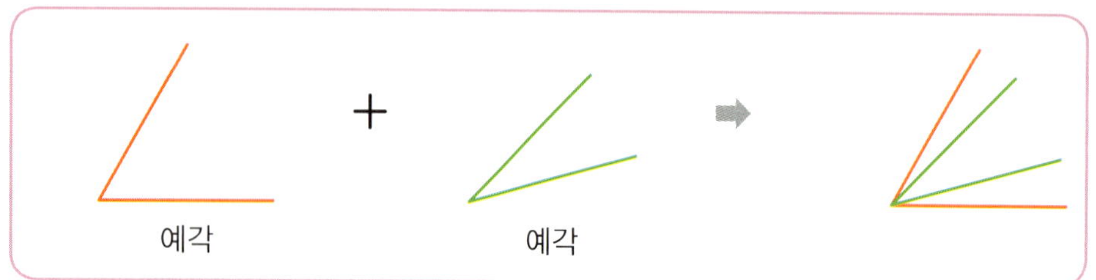

예각	개
직각	개
둔각	개

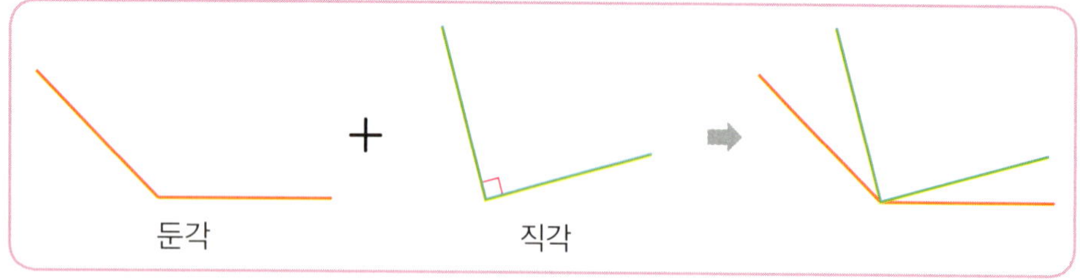

예각	개
직각	개
둔각	개

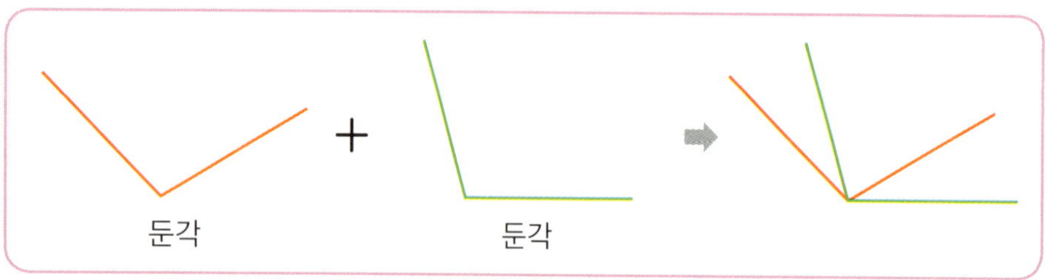

예각	개
직각	개
둔각	개

1 다음 그림에서 찾을 수 있는 예각, 직각, 둔각의 개수를 각각 구하시오.

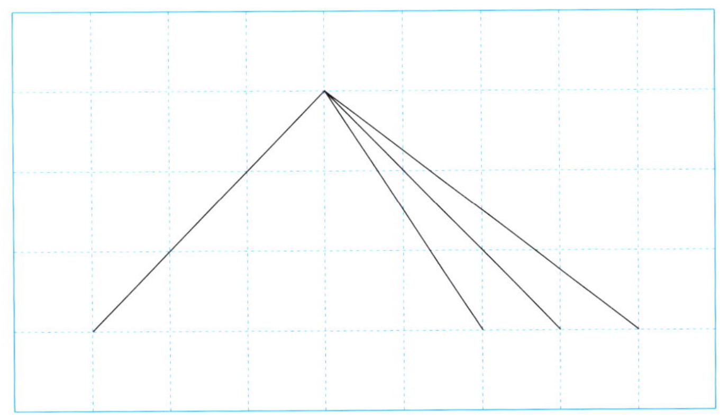

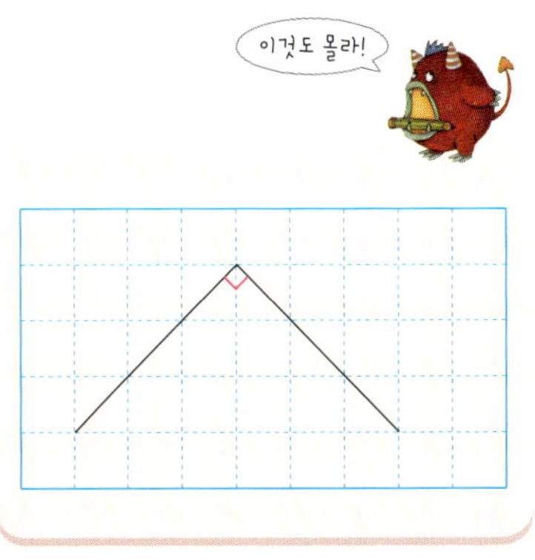

2 다음 그림에서 찾을 수 있는 예각과 둔각의 개수를 각각 구하시오.

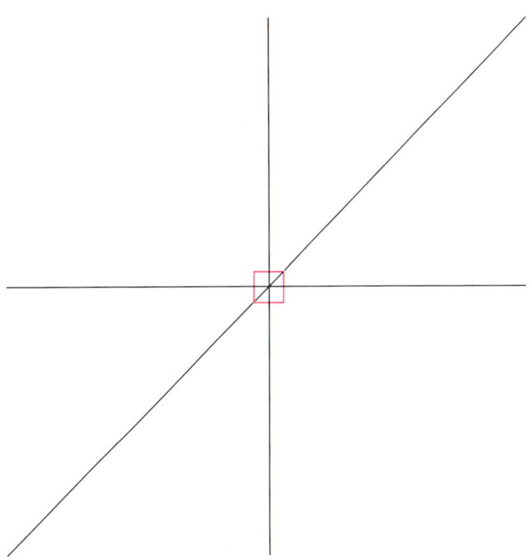

직각, 예각, 둔각의 개수

일정한 간격으로 7개의 점이 찍혀 있습니다. 7개의 점 중 3개의 점을 이어 그릴 수 있는 직각의 개수를 알아봅시다.

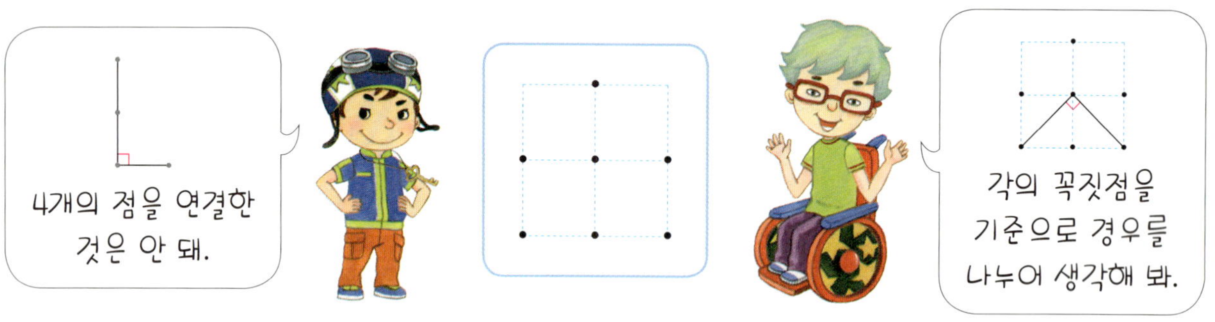

❶ •로 표시된 점을 각의 꼭짓점으로 하여 직각을 그리고, 직각 표시(ㄱ)를 하시오.

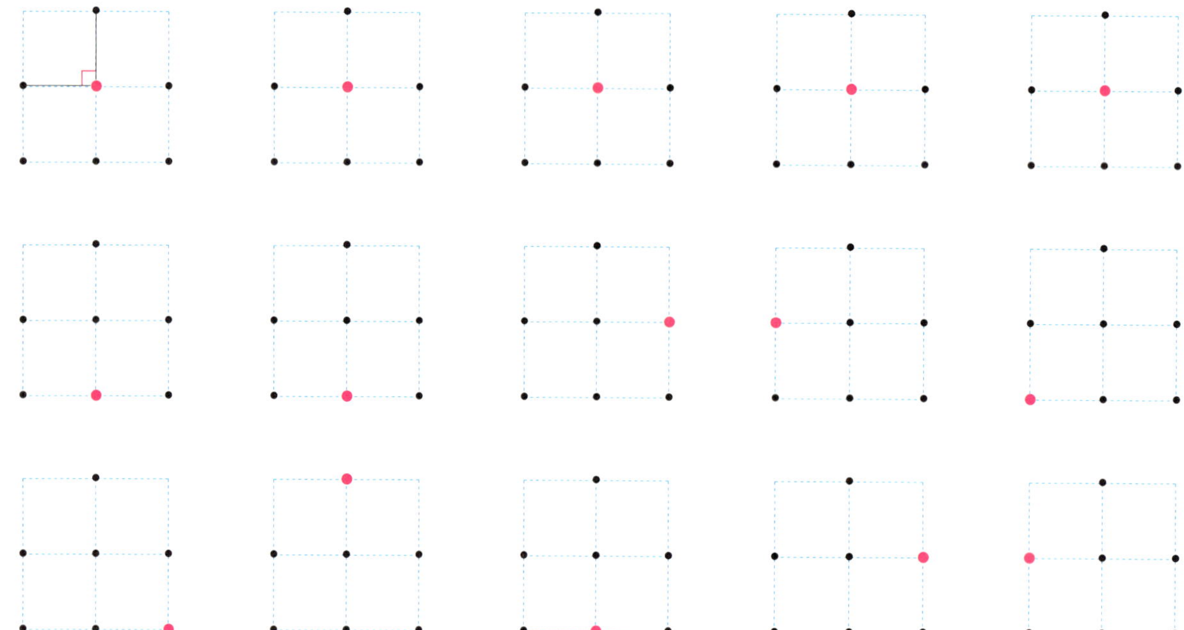

❷ 그릴 수 있는 직각은 모두 몇 개입니까?

1 •로 표시된 점을 각의 꼭짓점으로 하고 다른 2개의 점과 이어 만들 수 있는 예각을 모두 그려 보시오.

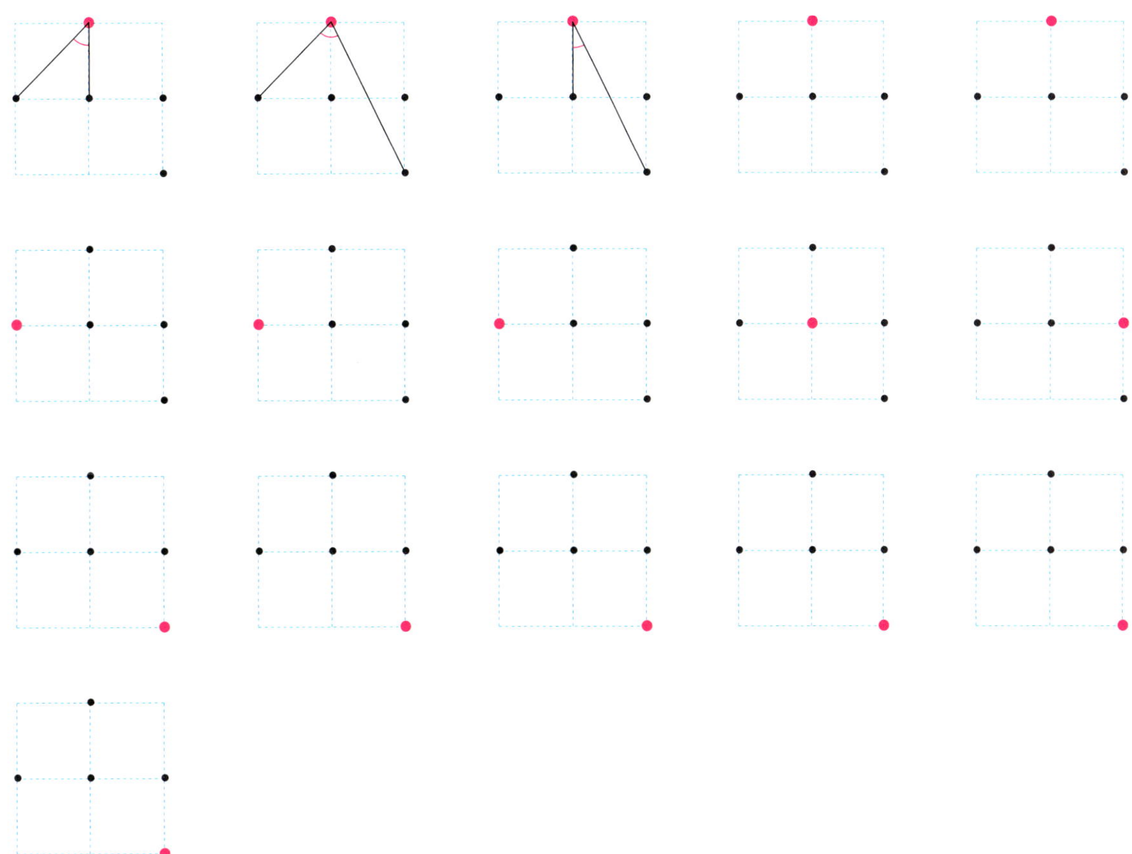

2 위의 모양에서 3개의 점을 이어 만들 수 있는 둔각은 모두 몇 개입니까?

예각삼각형, 둔각삼각형

꼬마 요괴 셋이 다음 삼각형을 보고 서로 자기가 옳다고 하고, 아인이는 모두 맞다고 합니다.

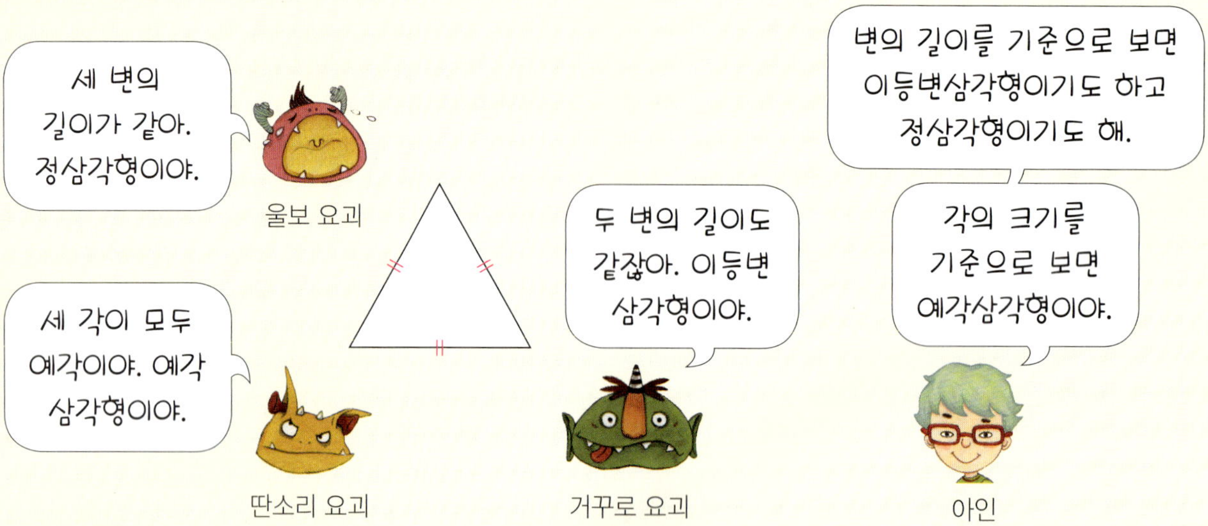

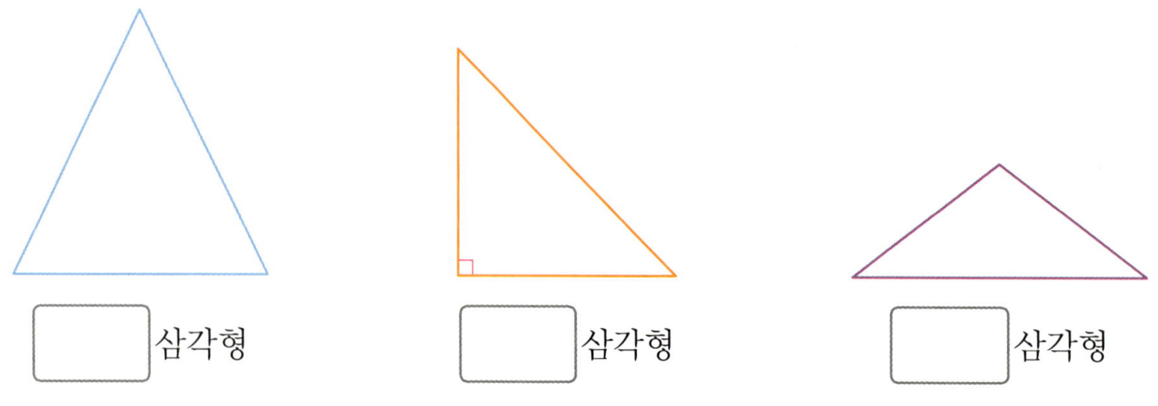

태경이와 초이도 다른 삼각형을 보고 이야기합니다.

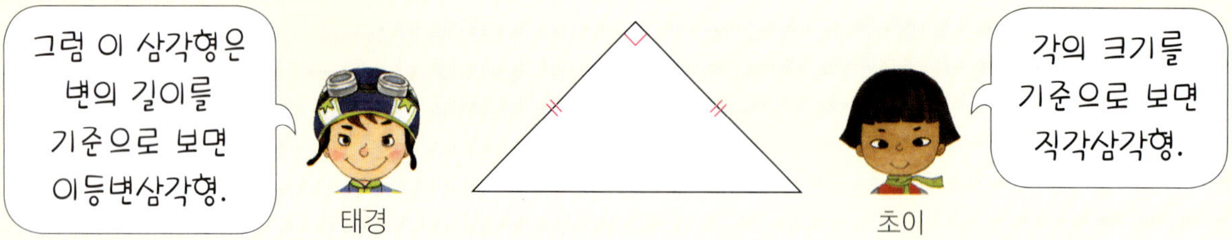

다음 삼각형을 각의 크기를 기준으로 분류하여 보시오.

☐ 삼각형	☐ 삼각형	☐ 삼각형

다음은 삼각형을 두 가지 기준으로 분류한 것입니다. 빈칸에 알맞은 말을 써넣으시오.

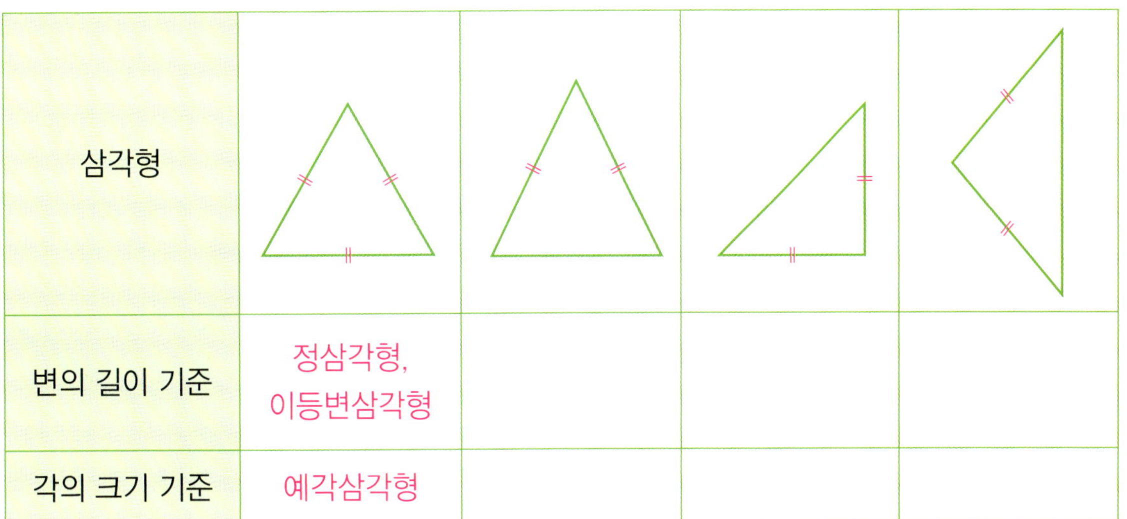

삼각형				
변의 길이 기준	정삼각형, 이등변삼각형			
각의 크기 기준	예각삼각형			

세 각이 모두 예각인 삼각형을 예각삼각형이라고 합니다.
한 각이 직각인 삼각형은 직각삼각형, 한 각이 둔각인 삼각형은 둔각삼각형이라고 합니다.

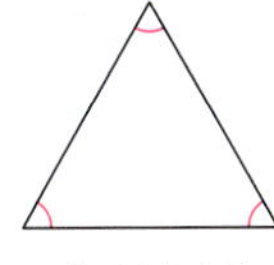 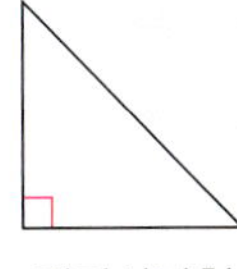 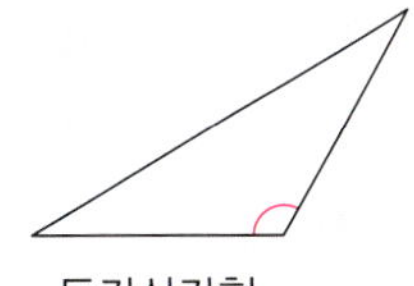

예각삼각형   직각삼각형   둔각삼각형

세 변의 길이가 같은 정삼각형은 세 각의 크기가 모두 $60°$인 예각이므로 예각삼각형입니다.
정사각형의 절반인 삼각형은 두 변의 길이가 같은 이등변삼각형이고, 한 각이 $90°$인 직각삼각형입니다.

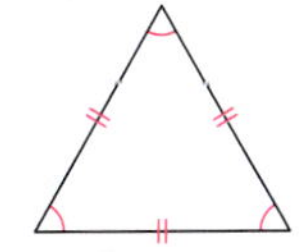 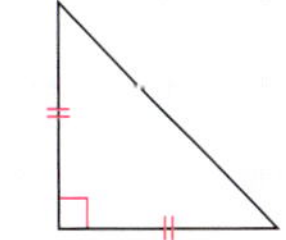

예각삼각형, 정삼각형, 이등변삼각형   직각삼각형, 이등변삼각형

직각삼각형 찾기

다음 그림에서 선을 따라 그릴 수 있는 크고 작은 직각삼각형의 개수를 알아봅시다.

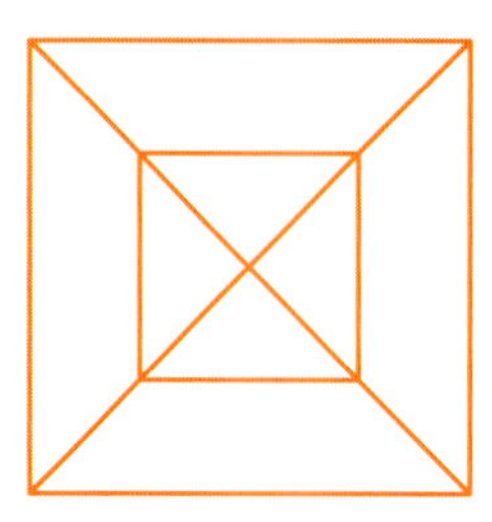

❶ 다음 그림에서 서로 다른 크기의 직각삼각형을 색칠하시오.

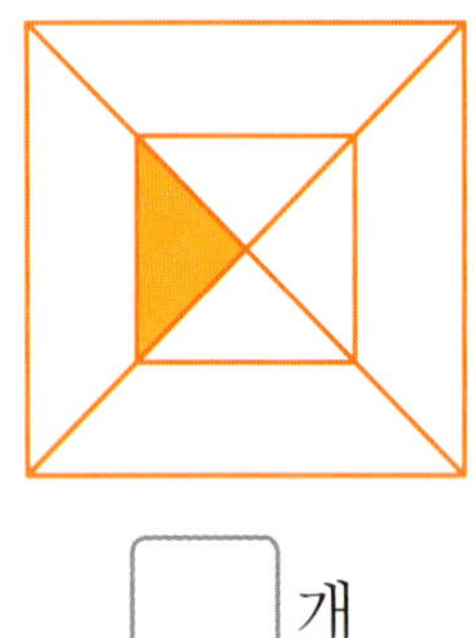
　□ 개

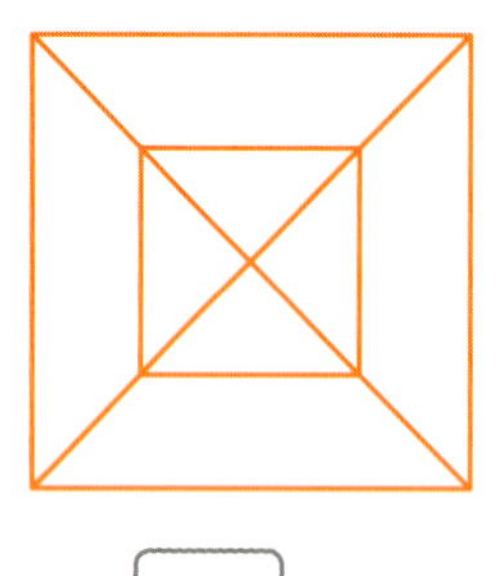
　□ 개

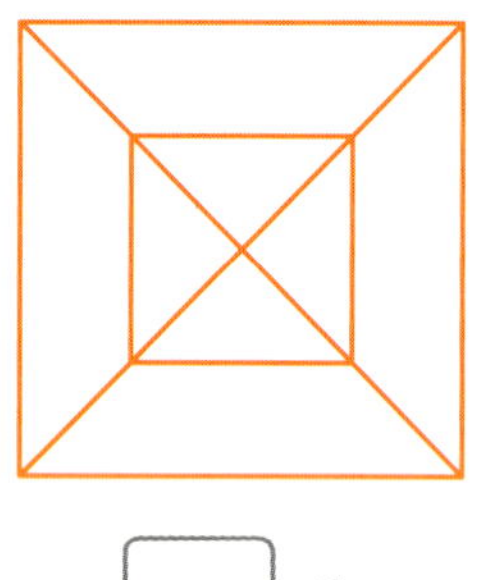
　□ 개

❷ ❶에서 색칠한 직각삼각형의 개수를 각각 구하여 □ 안에 써넣으시오.

❸ 선을 따라 그릴 수 있는 크고 작은 직각삼각형은 모두 몇 개입니까?

1 다음 그림에서 선을 따라 그릴 수 있는 크고 작은 직각삼각형의 개수를 구하시오.

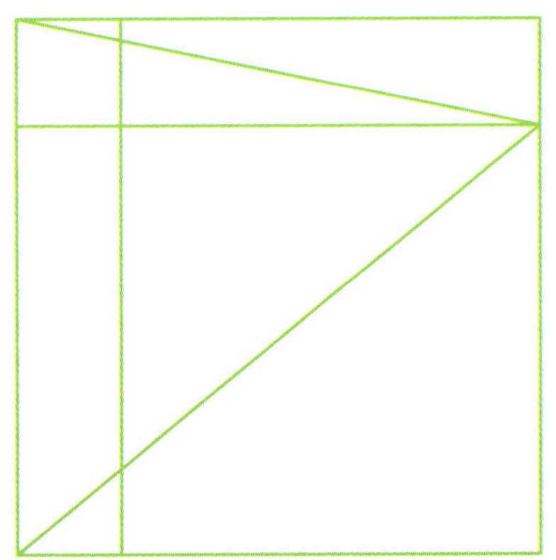

한 부분으로 이루어진 직각
삼각형과 두 부분으로 이루
어진 직각삼각형으로 나누
어 구해 봐.

2 다음 모눈의 점을 이어 만들 수 있는 직각삼각형은 모두 몇 개입니까?

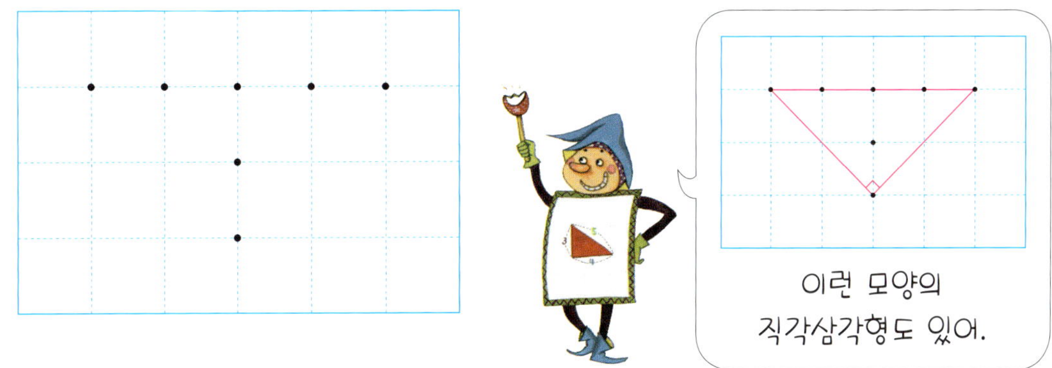

삼각형의 개수

직각삼각형의 한 꼭짓점에서 선을 그어 선분 2개를 더 만들었습니다. 이 모양에서 찾을 수 있는 예각삼각형, 직각삼각형, 둔각삼각형의 개수를 알아봅시다.

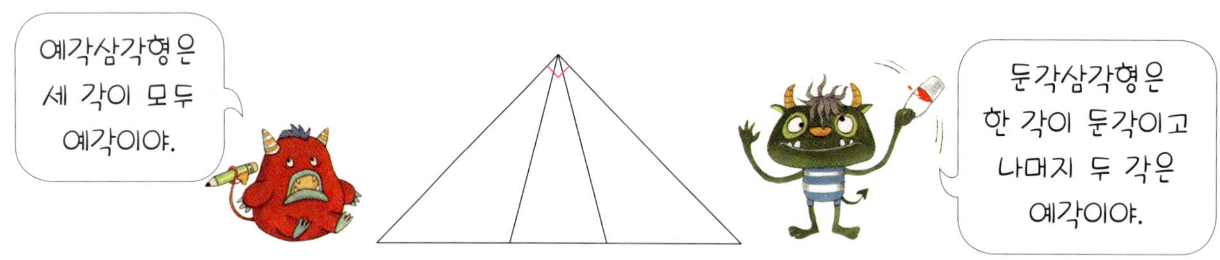

❶ 작은 삼각형 하나로 이루어진 삼각형을 색칠한 것입니다. 색칠한 삼각형의 종류를 쓰시오.

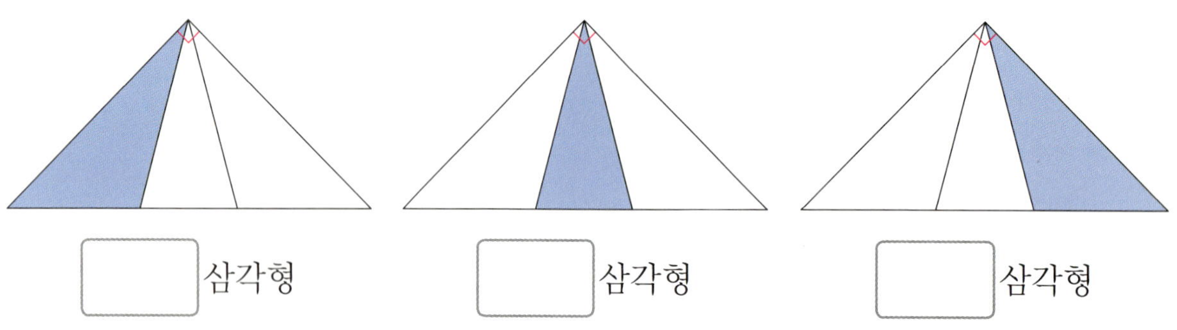

❷ 작은 삼각형 두 개 또는 세 개로 이루어진 삼각형을 색칠한 것입니다. 색칠한 삼각형의 종류를 쓰시오.

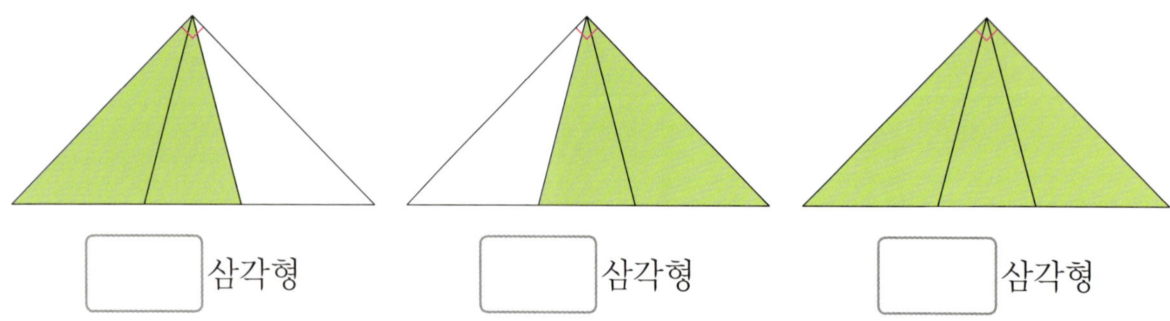

❸ 예각삼각형, 직각삼각형, 둔각삼각형은 각각 몇 개입니까?

1 [둔각삼각형의 개수]

다음 그림에서 선을 따라 그릴 수 있는 둔각삼각형은 몇 개입니까?

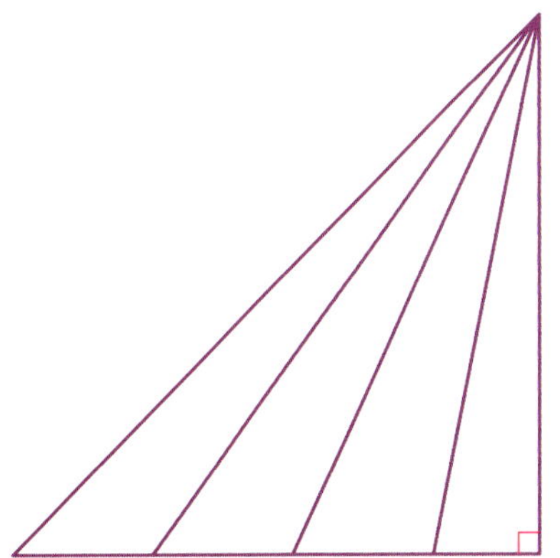

작은 삼각형의 개수에 따라 둔각삼각형을 나누어 봐.

2 [예각삼각형 그리기]

다음 모눈의 점을 이어 만들 수 있는 예각삼각형을 모두 그려 보시오. 몇 개입니까?

창의적 문제해결력

1 원 위에 일정한 간격으로 5개의 점을 찍었습니다. 세 점을 이어 만들 수 있는 이등변 삼각형을 모두 그려 보시오. 몇 개입니까?

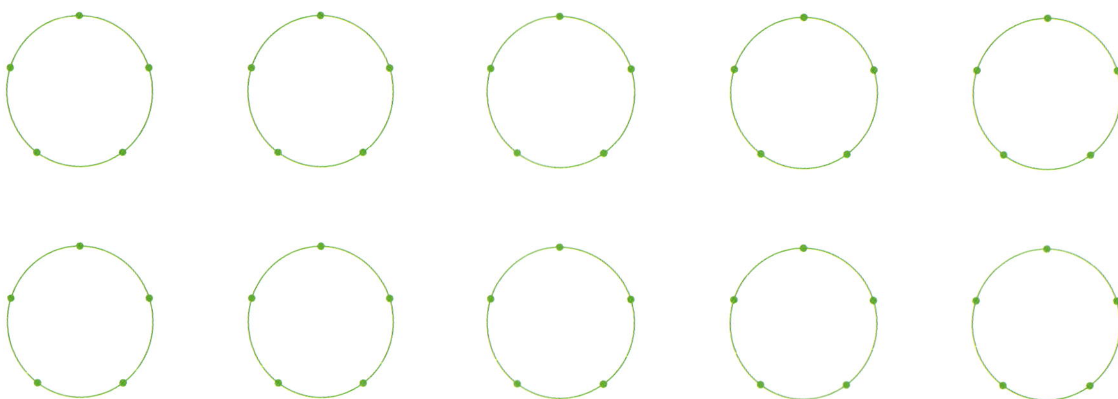

2 7개의 점이 찍힌 모눈 위에 점을 이어 만들 수 있는 둔각을 모두 그려 보시오. 몇 개 입니까?

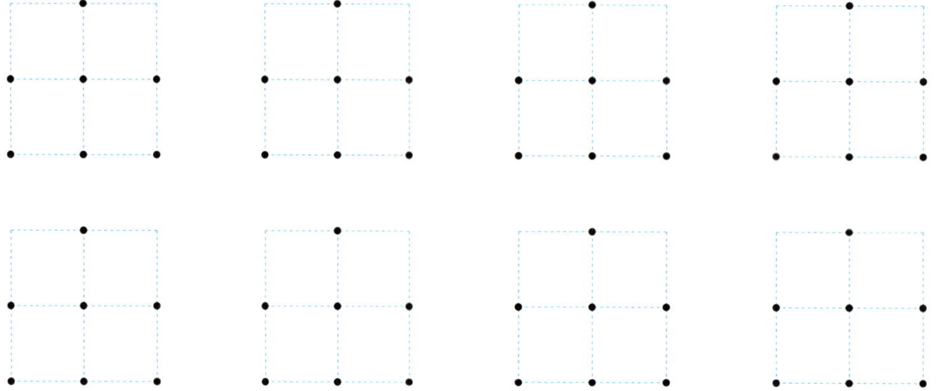

3 그림과 같이 삼각자를 2개 겹치면 15°를 만들 수 있습니다. 이와 같은 방법으로 두 삼각자를 붙이거나 겹쳐서 만들 있는 예각과 둔각은 각각 몇 개씩입니까?

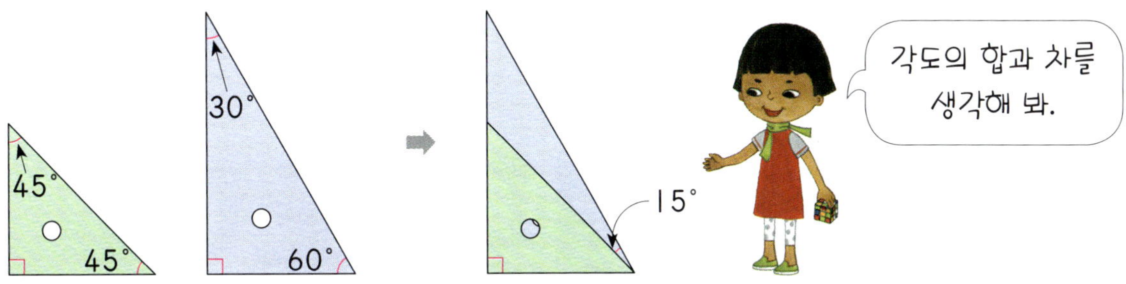

4 다음 그림에서 선을 따라 그릴 수 있는 예각삼각형, 직각삼각형, 둔각삼각형의 개수를 각각 구하시오.

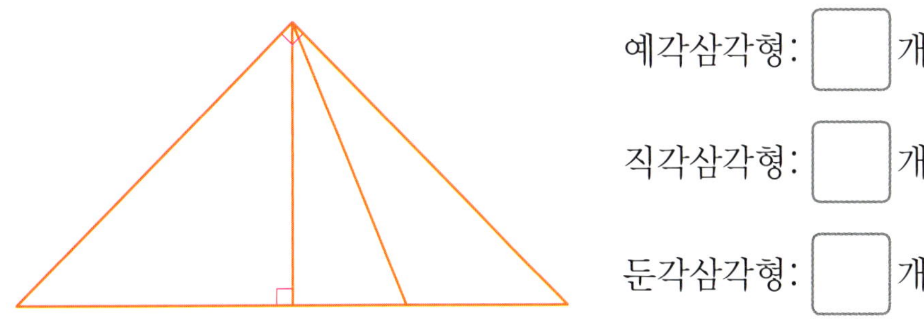

예각삼각형: ☐ 개

직각삼각형: ☐ 개

둔각삼각형: ☐ 개

3 평면도형

수직과 평행

고대 그리스의 수학자 유클리드는 '확실한 것이라고 생각되는 사실, 즉 당연하다고 생각되어 더 이상 논리적으로 밝힐 필요가 없는 사실을 공리'라고 정했습니다.

탈레스

유클리드

지금으로부터 2300년 전 유클리드는 그 당시의 수학 지식을 모으고 체계화시켜 「원론」이라는 수학책을 만들었고, 현재까지도 그 책의 많은 내용을 학생들이 공부하고 있습니다.

다음은 「원론」에 쓰여진 유클리드의 5가지 공리입니다.

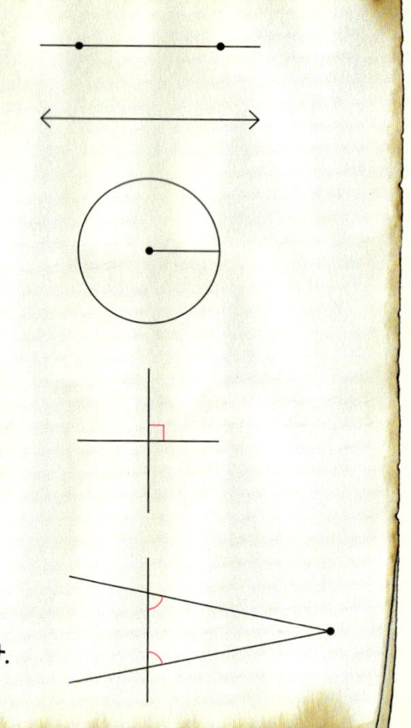

직선 가와 직선 나는 아무리 늘려도 서로 만나지 않는다고 합니다. ☐ 안에 알맞은 수를 써넣으시오.

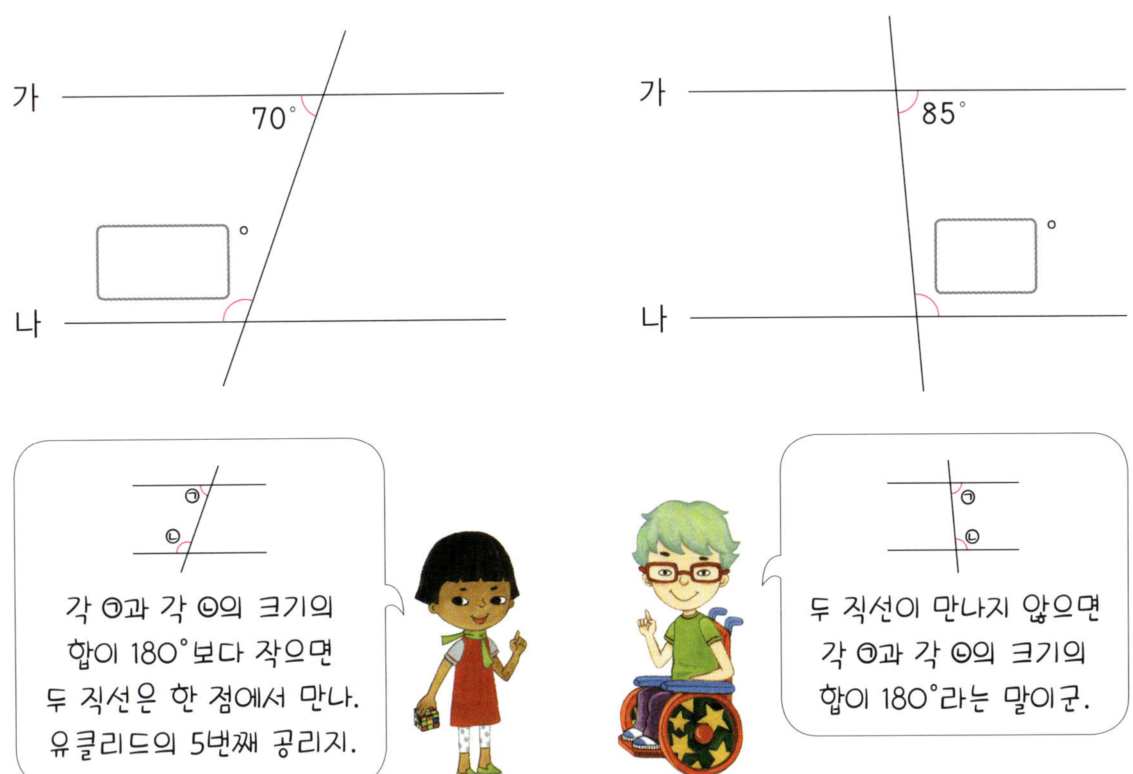

두 직선이 만나서 이루는 각이 직각일 때, 두 직선을 서로 수직이라고 합니다.
두 직선이 서로 수직으로 만날 때, 한 직선을 다른 직선에 대한 수선이라고 합니다.

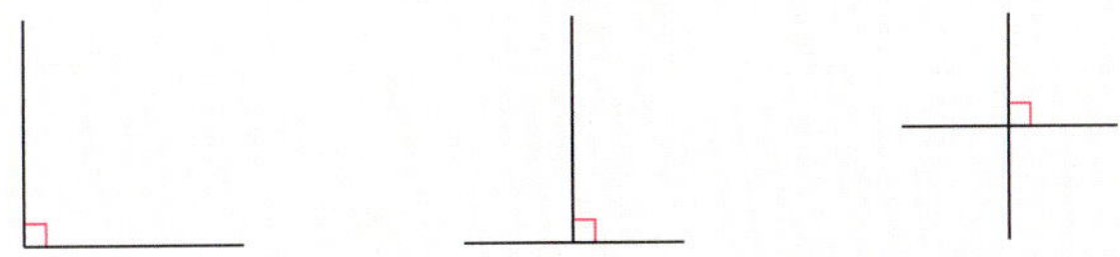

한 직선에 수직인 두 직선을 그었을 때, 그 두 직선은 서로 만나지 않습니다.
이와 같이 서로 만나지 않는 두 직선을 평행하다고 합니다. 이때 평행한 두 직선을
평행선이라고 합니다.

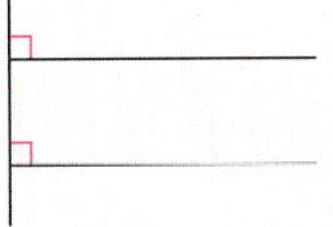

평행선

다음 모양에서 찾을 수 있는 평행선은 모두 몇 쌍인지 알아봅시다.

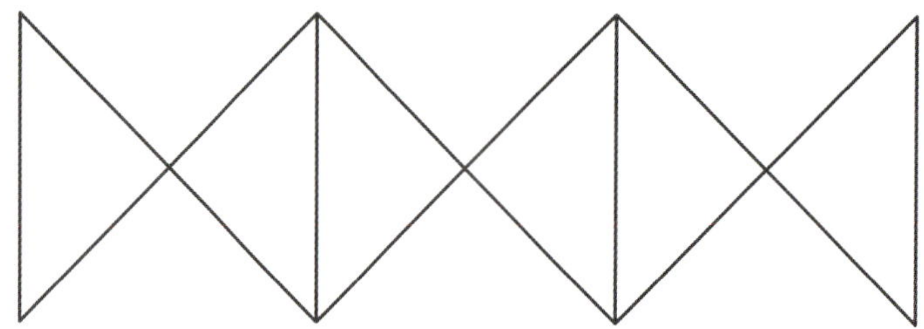

❶ 평행한 선분은 **3**가지 있습니다. 평행한 선분을 각각 그려 보시오.

① 　② 　③ 

❷ ❶에서 그린 각각의 경우 평행한 선분은 각각 몇 쌍이 있는지 구하시오.

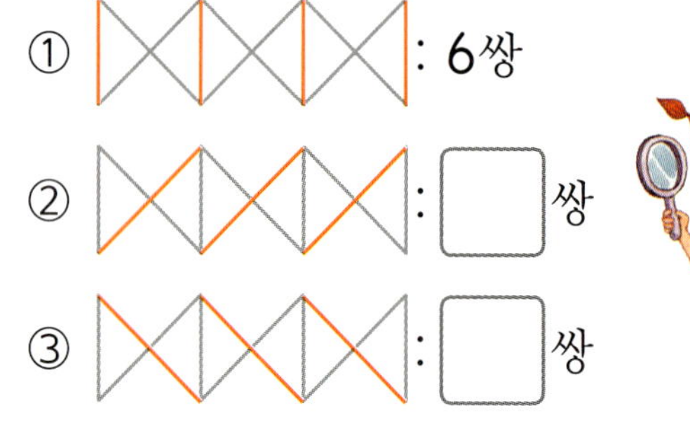

① : 6쌍

② : ☐ 쌍

③ : ☐ 쌍

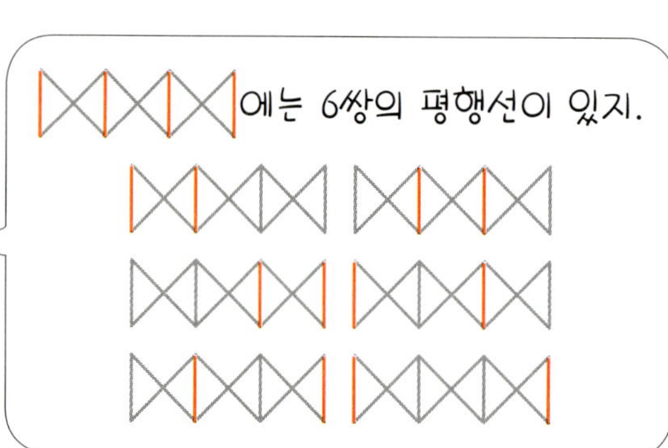

❸ 찾을 수 있는 평행선은 모두 몇 쌍입니까?

1 점 종이에 주어진 직선과 평행한 직선을 모두 그어 보시오.

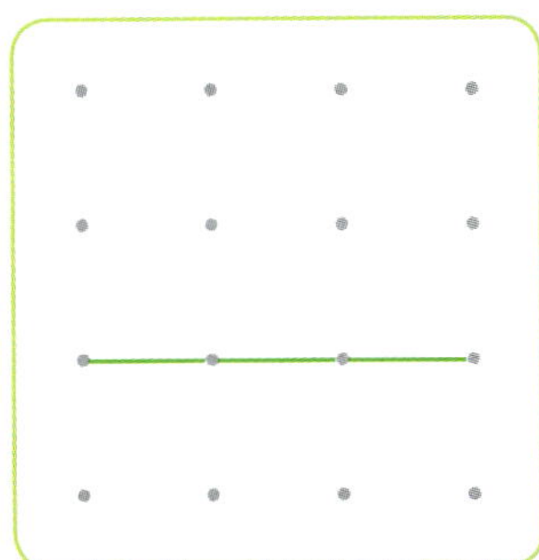 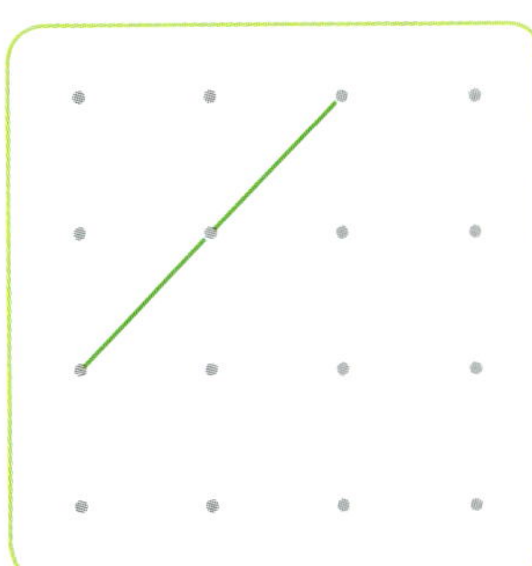 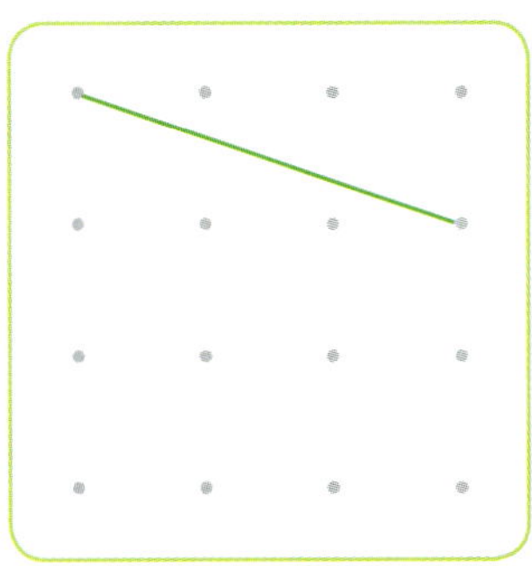

2 평행선을 모두 찾아 ☐ 안에 알맞은 기호를 써넣으시오.

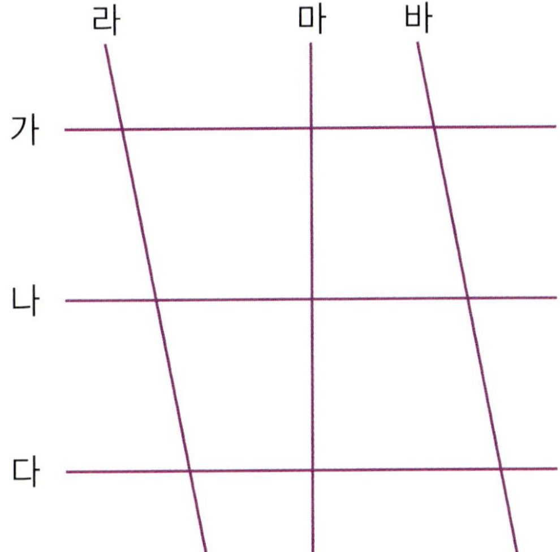

직선 **가**와 직선 ☐

직선 **가**와 직선 ☐

직선 **나**와 직선 ☐

직선 **라**와 직선 ☐

수선 긋기

직선 가와 직선 나는 평행합니다. 각 ㉠의 크기를 알아봅시다.

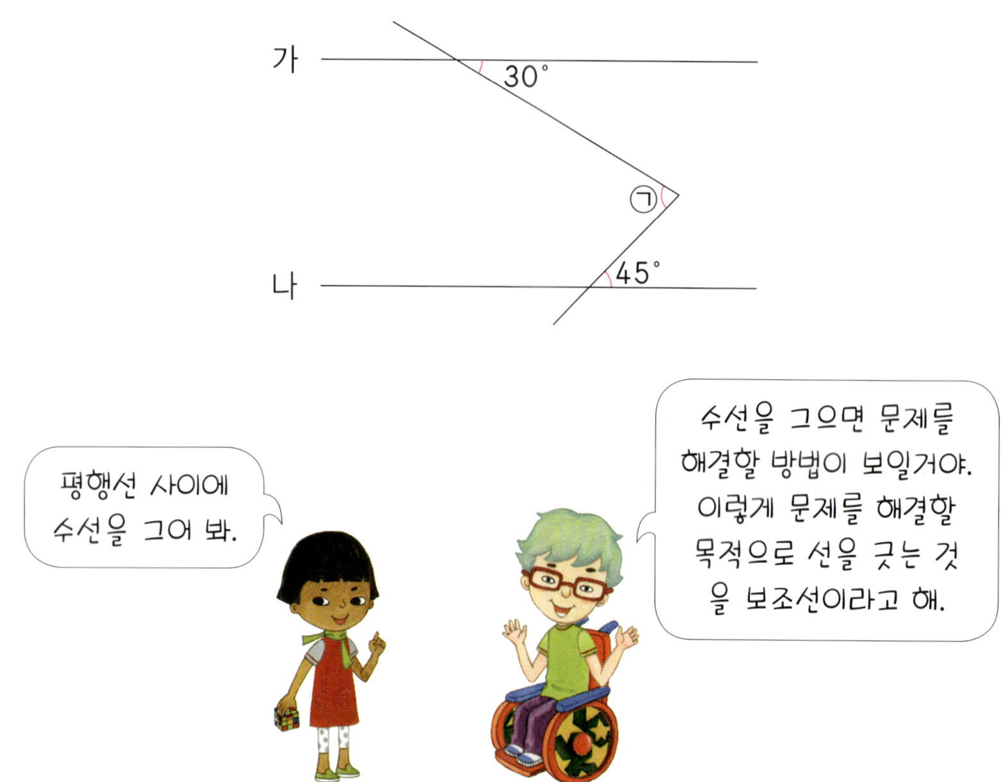

❶ 두 가지 방법으로 수선을 그었습니다. ☐ 안에 알맞은 수를 써넣으시오.

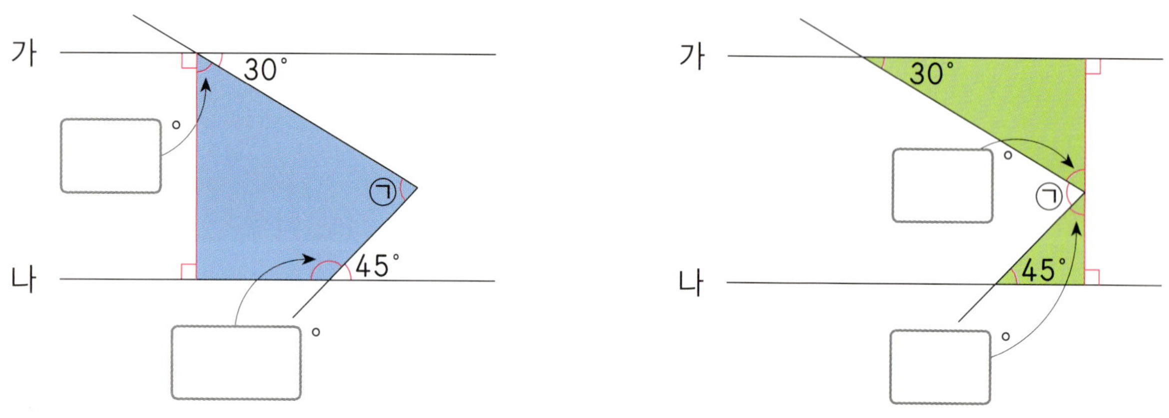

❷ 각 ㉠의 크기를 구하시오.

1 직선 가와 나가 평행합니다. ☐ 안에 알맞은 수를 써넣으시오.

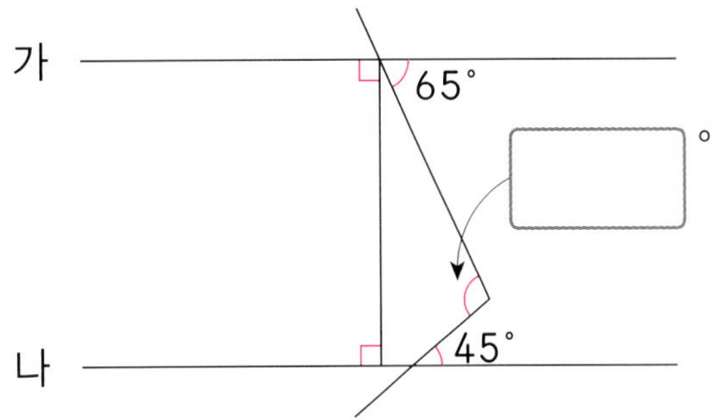

2 직선 가와 나가 평행합니다. ☐ 안에 알맞은 수를 써넣으시오.

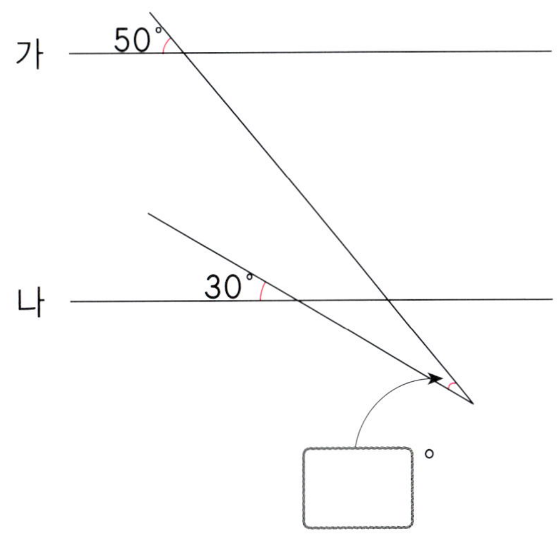

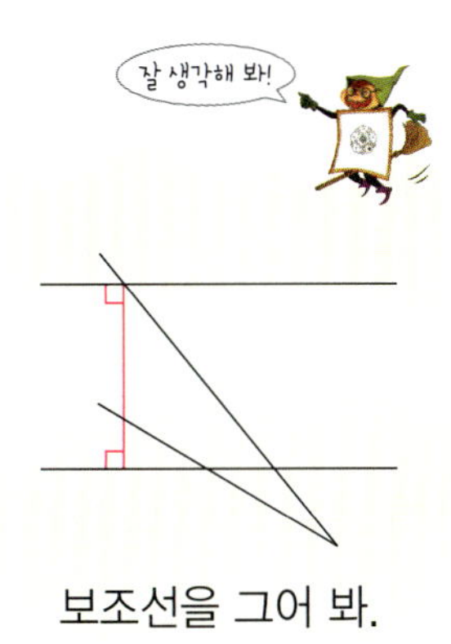

 8 여러 가지 사각형

정삼각형 **5**개와 정사각형 **3**개를 붙여 도형을 만들었습니다. 초이, 지오, 태경이는 이 도형에서 정사각형, 직사각형, 마름모를 찾았습니다.

멀린

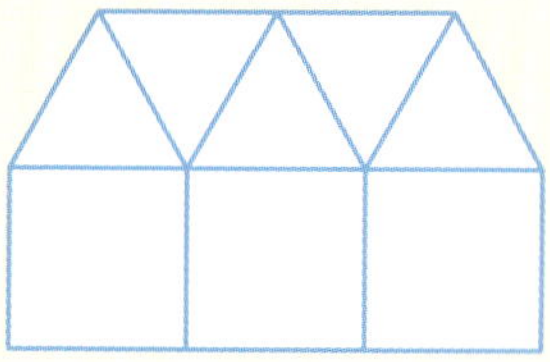

초이

지오

태경

마름모와 직사각형이 아닌 평행사변형을 찾아 색칠하시오. 몇 개 있습니까?

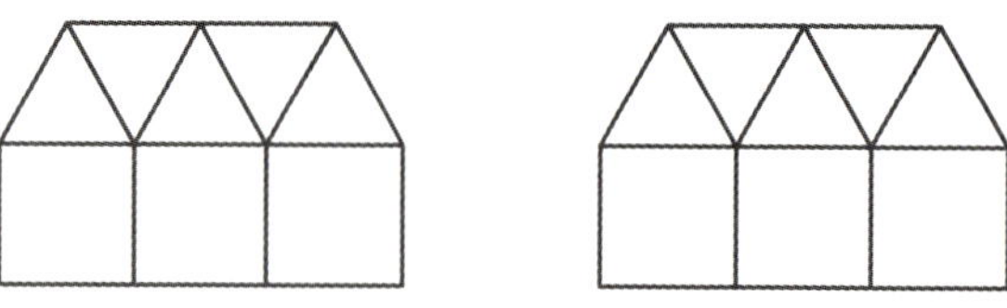

평행사변형이 아닌 사다리꼴을 찾아 색칠하시오. 몇 개 있습니까?

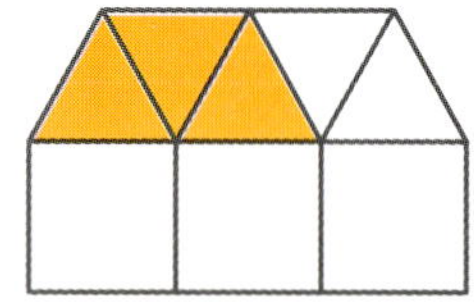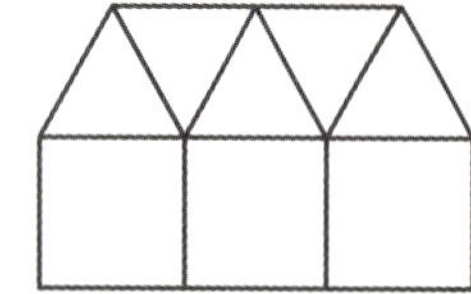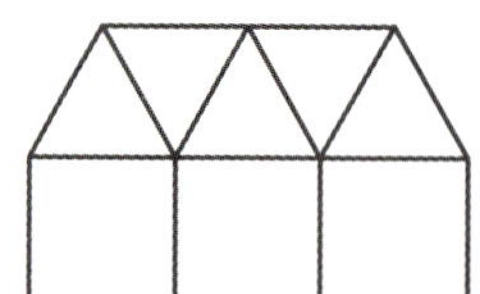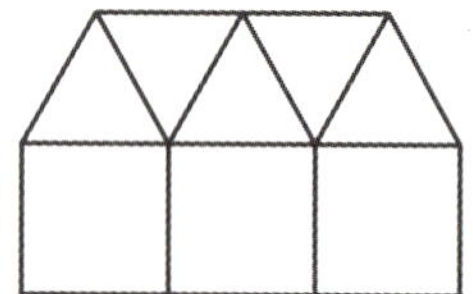

사각형의 종류에 맞게 기호를 쓰시오.

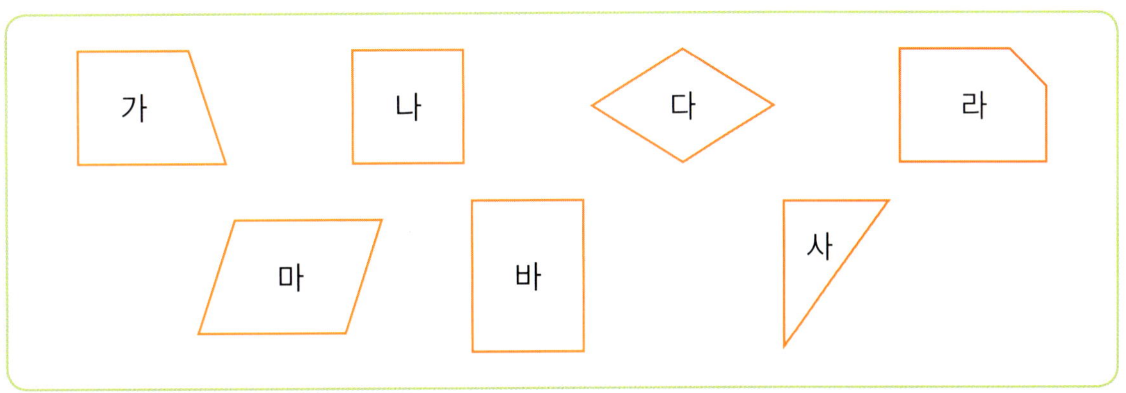

● 사각형: _______________

● 사다리꼴: _______________

● 평행사변형: _______________

● 마름모: _______________

● 정사각형: _______________

사각형의 종류

사다리꼴: 마주 보는 한 쌍의 변이 서로 평행한 사각형

평행사변형: 마주 보는 두 쌍의 변이 서로 평행한 사각형

마름모: 네 변의 길이가 모두 같은 사각형

직사각형: 네 각이 모두 직각인 사각형

정사각형: 네 각이 모두 직각이고 네 변의 길이가 모두 같은 사각형

오른쪽 그림은 사각형 사이의 포함 관계를 나타낸 것입니다.

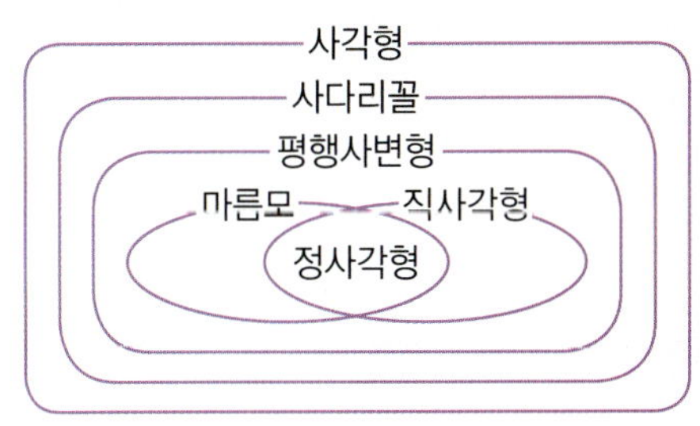

칠교와 사각형

다음은 지혜의 놀이판이라 불리는 칠교 조각입니다. 이 조각을 이용하여 여러 가지 사각형을 만들어 봅시다.

❶ 정사각형과 정사각형이 아닌 평행사변형 조각을 찾아 그 기호를 각각 쓰시오.

❷ 정사각형이 아닌 직사각형을 ㉢, ㉤, ㉥ 세 조각을 사용하여 만들어 보시오.

❸ ㉣, ㉤, ㉥ 세 조각을 사용하여 평행사변형이 아닌 사다리꼴을 만들어 보시오.

❹ 일곱 조각을 모두 사용하여 정사각형이 아닌 평행사변형을 만들어 보시오.

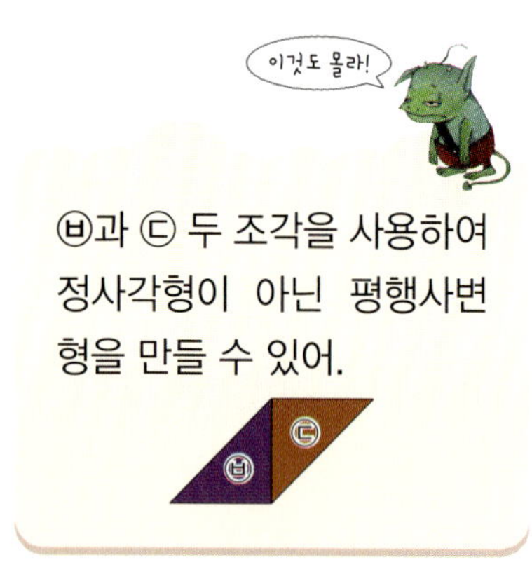

1 다음은 정사각형 모양의 색종이에 칠교를 그린 것입니다. 선을 따라 그릴 수 있는 정사각형과 사다리꼴의 개수를 각각 구하시오.

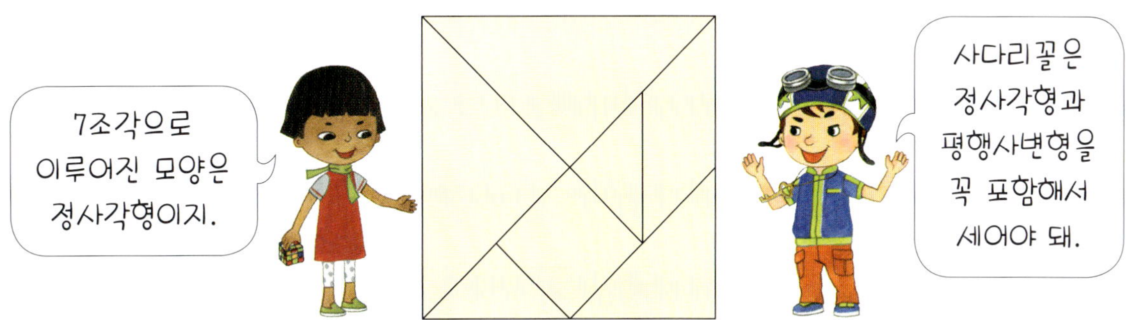

2 칠교판 7조각을 모두 사용하여 오른쪽 모양의 사다리꼴을 만들어 보시오. (단, 윤곽선을 그린 후 사용한 조각의 기호를 씁니다.)

준비물 칠교판

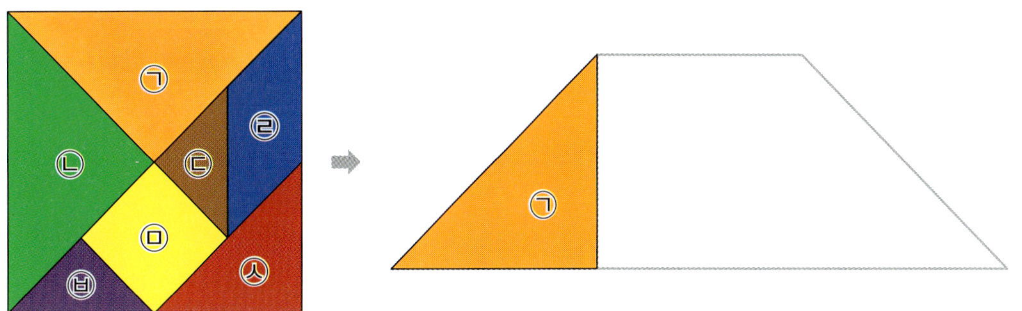

점 종이와 여러 가지 사각형

9개의 점이 일정한 간격으로 놓여 있습니다. 이 점을 이어서 만들 수 있는 여러 가지 사각형을 알아봅시다.

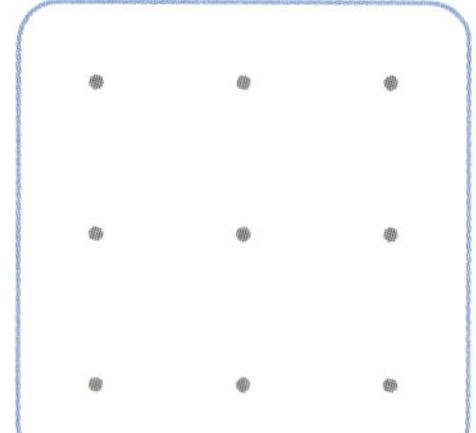

1 크기가 다른 정사각형 **3**가지를 그려 보시오.

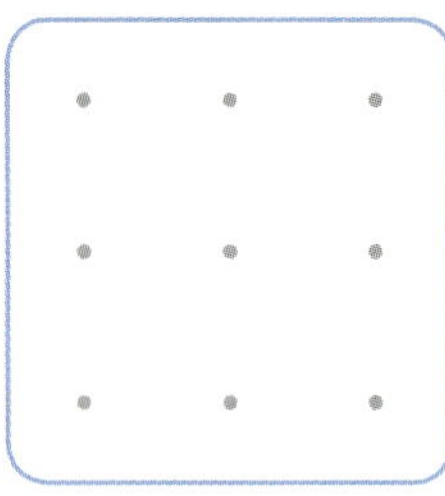 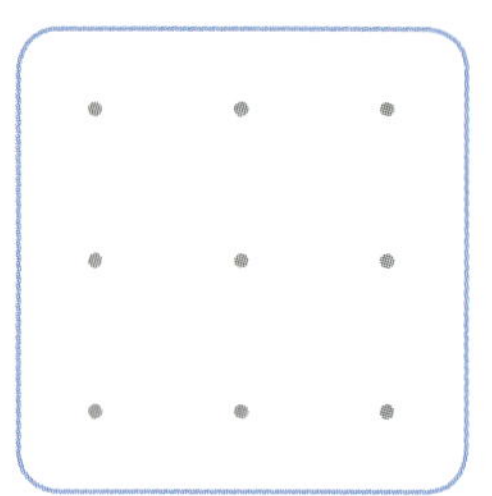 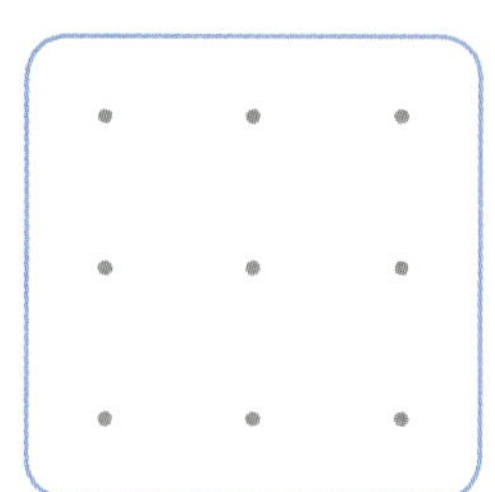

2 정사각형이 아닌 직사각형을 그려 보시오.

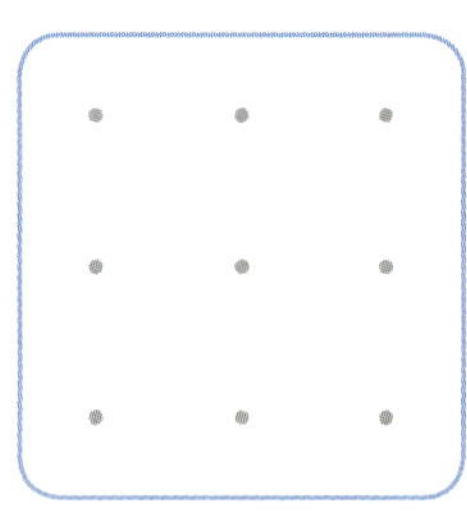

3 직사각형이 아닌 평행사변형 **2**가지를 그려 보시오.

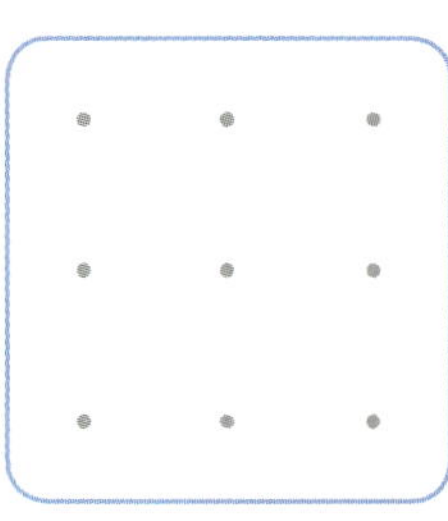 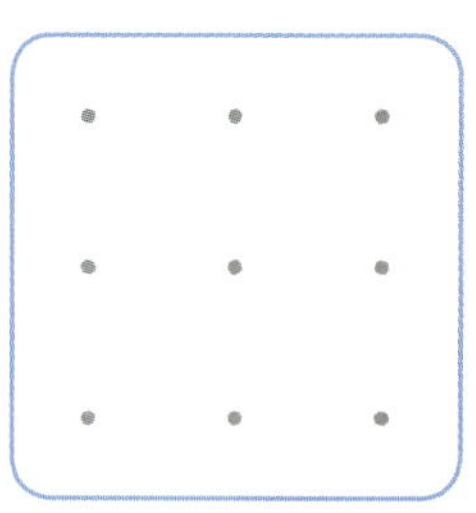

4 평행사변형이 아닌 사다리꼴 **3**가지를 그려 보시오.

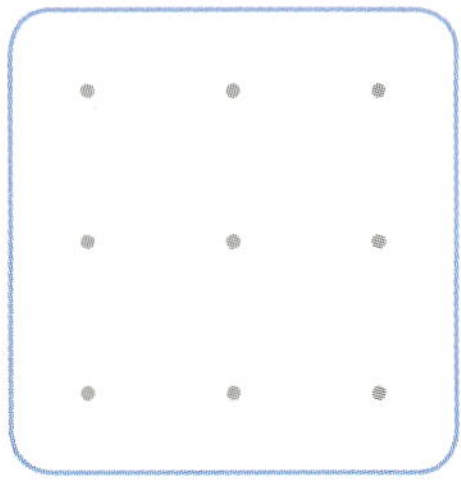 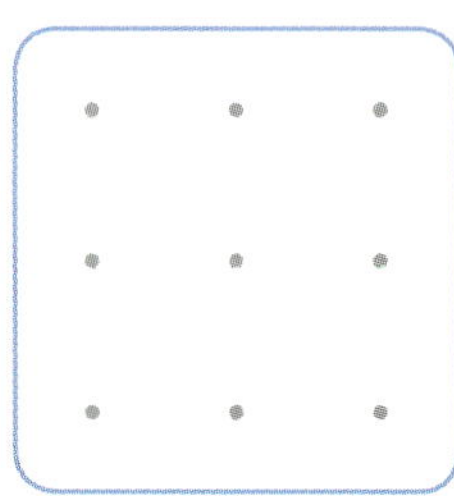 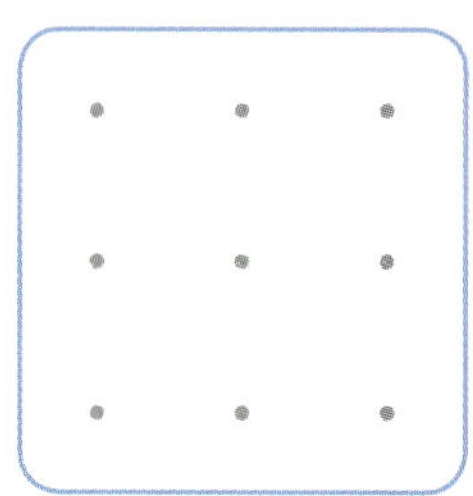

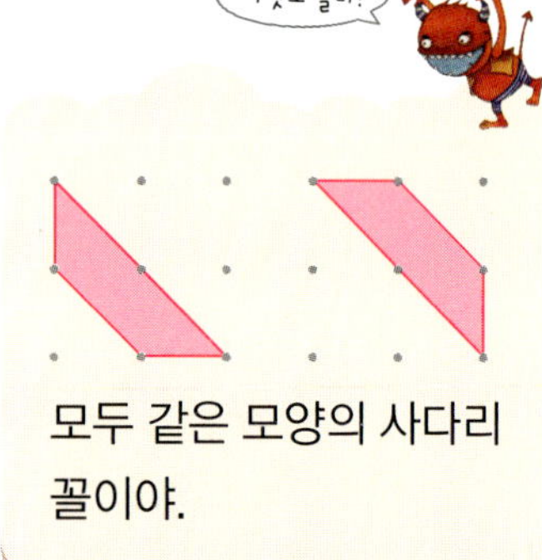

1 다음 ☐ 안에 알맞은 도형의 이름을 써넣으시오.

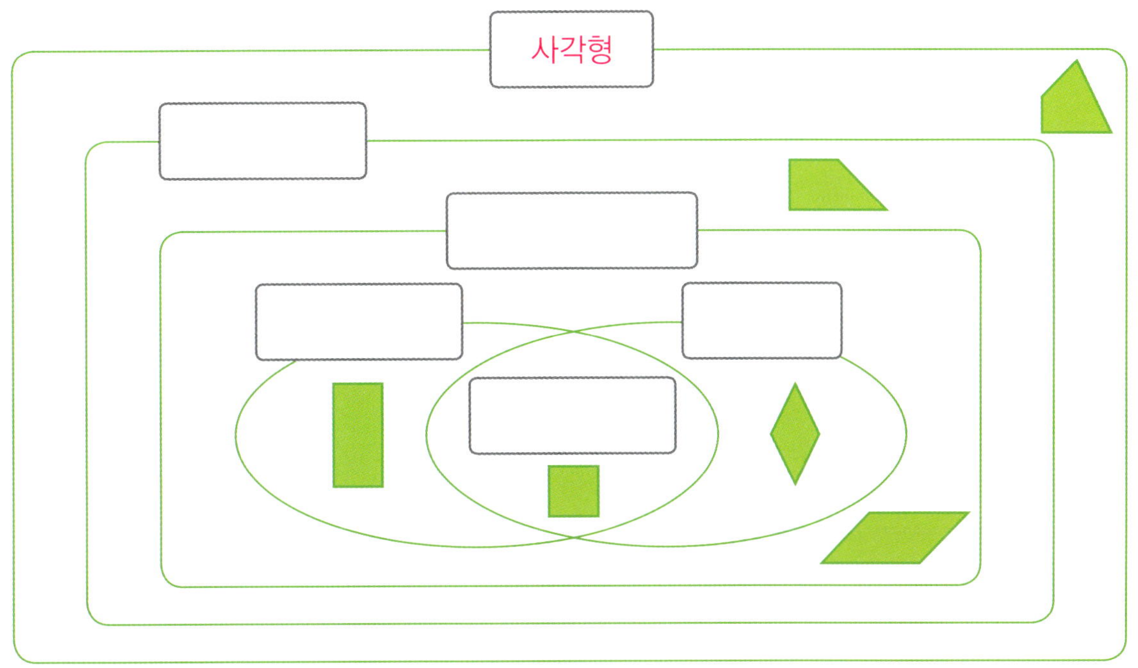

2 다음 그림과 같이 I0개의 점이 일정한 간격으로 놓여 있습니다. 이 점을 이어서 주어진 사각형을 만들 수 있는 것에 ◯표 하고, 그 예를 그려 보시오.

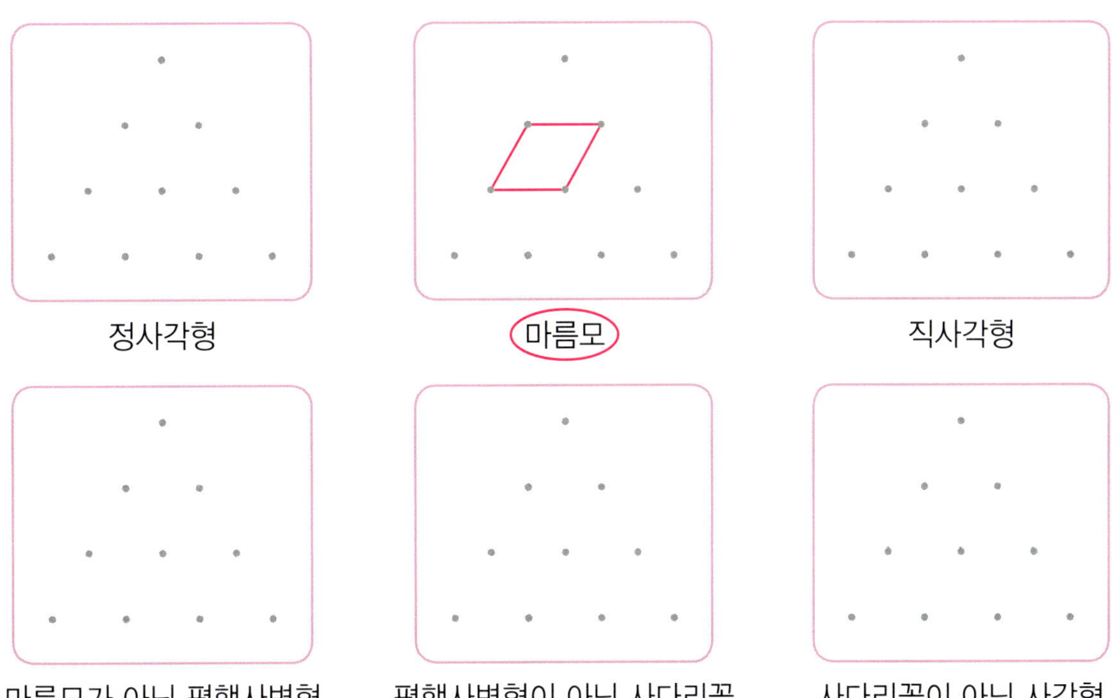

사각형의 개수

잘난척 요괴와 산만해 요괴, 한입 요괴가 다음 도형에서 사각형의 개수를 구합니다.

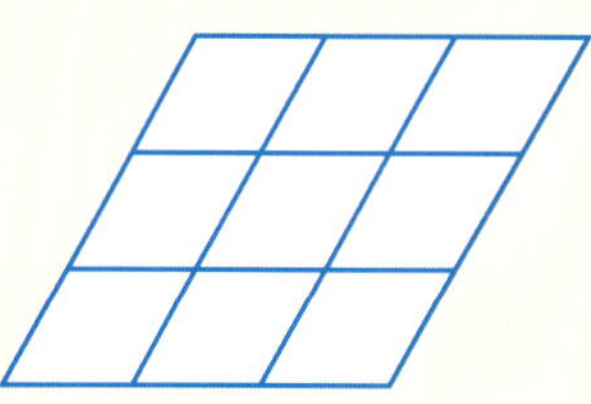

잘난척 요괴

산만해 요괴

한입 요괴

초이와 지오, 아인이는 다른 방법으로 사각형의 개수를 구합니다.

초이

지오

아인

가로로 놓인 선이 모두 평행합니다. 다음 도형에서 찾을 수 있는 크고 작은 사다리꼴의 개수를 구해 보시오.

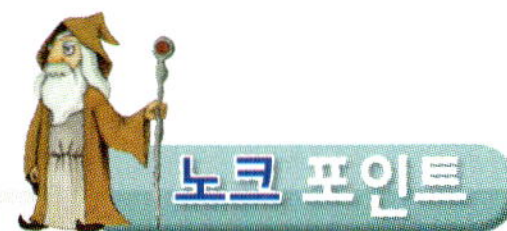

크고 작은 사각형의 개수를 셀 때 크기와 모양이 다른 사각형의 종류를 찾은 다음, 종류별로 찾을 수 있는 사각형의 개수를 세어 합을 구합니다.

바둑판 모양의 도형에서 크고 작은 사각형의 개수는

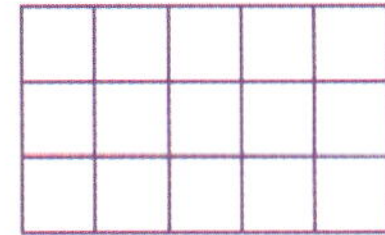

① 가로 한 줄에서 찾을 수 있는 사각형의 개수

$5+4+3+2+1=15$(개)

② 세로 한 줄에서 찾을 수 있는 사각형의 개수

$3+2+1=6$(개)

→ ①×②$=15×6=90$(개)

# 빗금이 있는 사각형의 개수

다음 그림에서 찾을 수 있는 사각형은 모두 몇 개인지 알아봅시다.

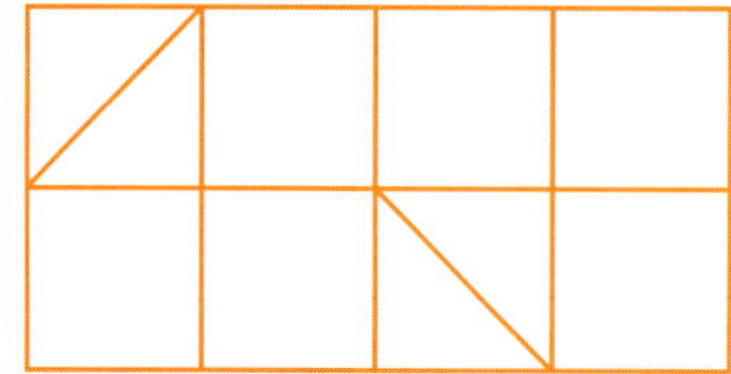

❶ ╱와 ╲을 모두 뺀 모양에서 찾을 수 있는 사각형은 모두 몇 개입니까?

❷ ╱을 한 변으로 하는 사각형의 개수를 구하시오.

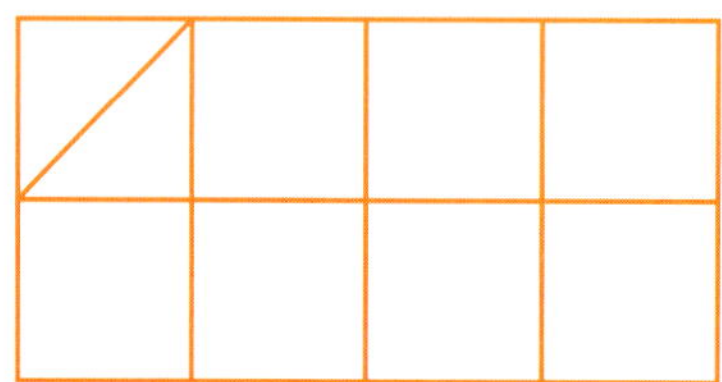

❸ ╲을 한 변으로 하는 사각형의 개수를 구하시오.

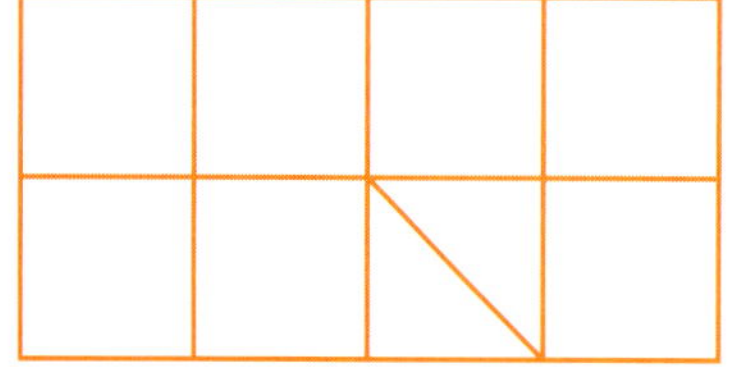

❹ 그림에서 찾을 수 있는 사각형은 모두 몇 개입니까?

[빗금이 1개 있는 사각형의 개수]

1 다음 그림에서 찾을 수 있는 크고 작은 사각형은 모두 몇 개입니까?

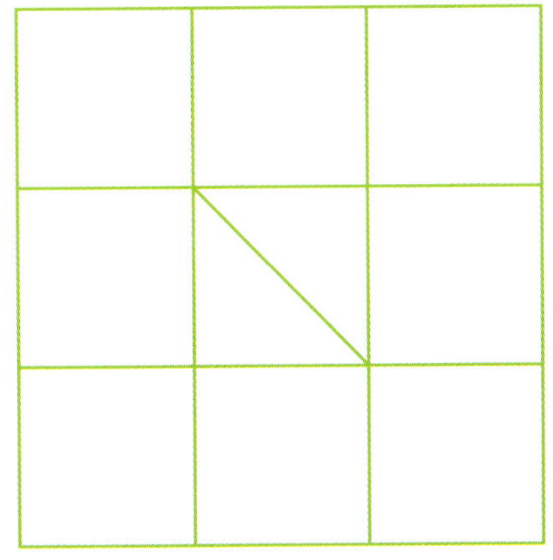

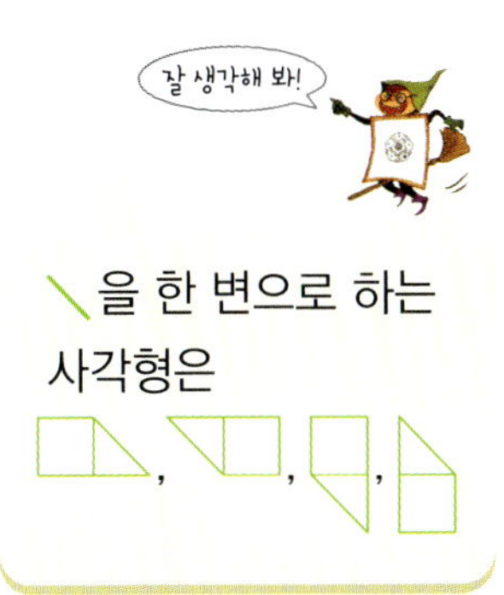

[빗금이 2개 있는 사각형의 개수]

2 다음 그림에서 찾을 수 있는 크고 작은 사각형은 모두 몇 개입니까?

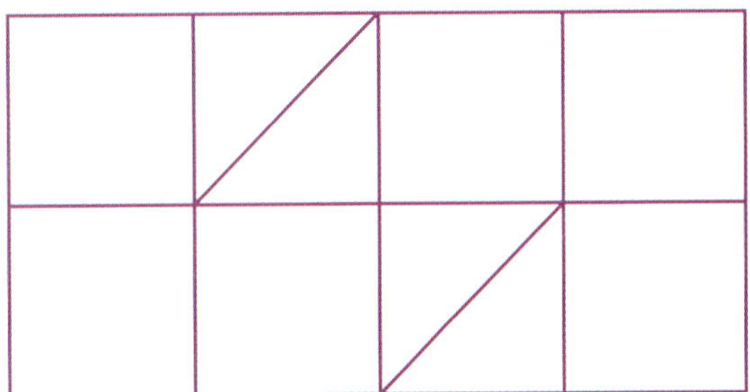

 # 여러 가지 사각형의 개수

정삼각형 8개를 붙여 만든 모양입니다. 이 모양에서 찾을 수 있는 마름모, 평행사변형, 사다리꼴의 개수를 알아봅시다.

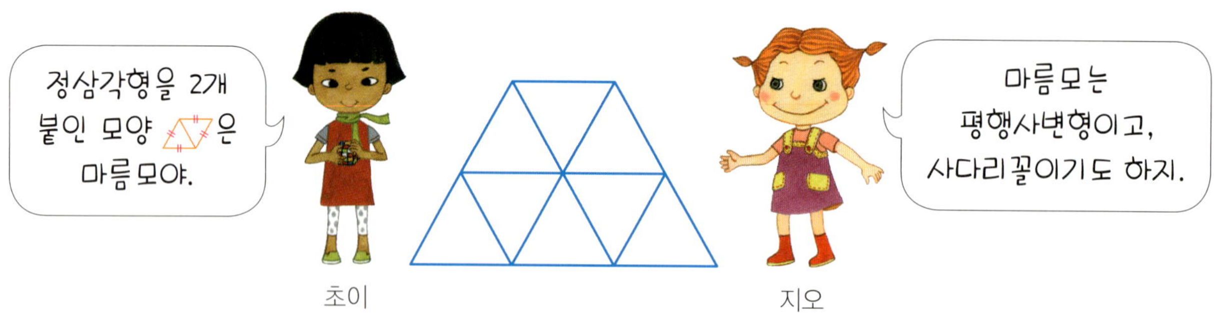

❶ 다음은 정삼각형 2개, 3개, 4개, 5개를 붙여 만든 모양입니다. 각 모양이 될 수 있는 도형의 이름에 ◯표 하고, 위에서 찾을 수 있는 모양의 개수를 구하시오.

마름모 평행사변형 사다리꼴	마름모 평행사변형 사다리꼴	마름모 평행사변형 사다리꼴	마름모 평행사변형 사다리꼴
개	개	개	개

❷ 마름모, 평행사변형, 사다리꼴은 각각 몇 개입니까?

1 다음 그림에서 찾을 수 있는 크고 작은 사다리꼴은 모두 몇 개입니까?

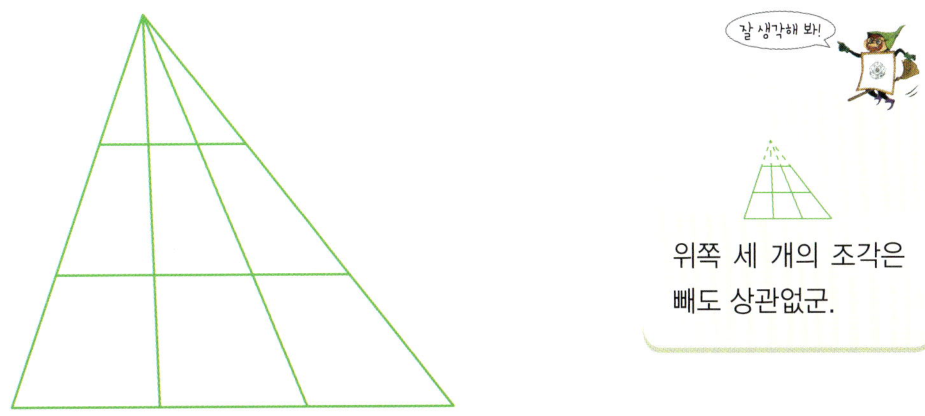

2 다음 도형에서 찾을 수 있는 평행사변형이 아닌 사다리꼴은 모두 몇 개입니까?

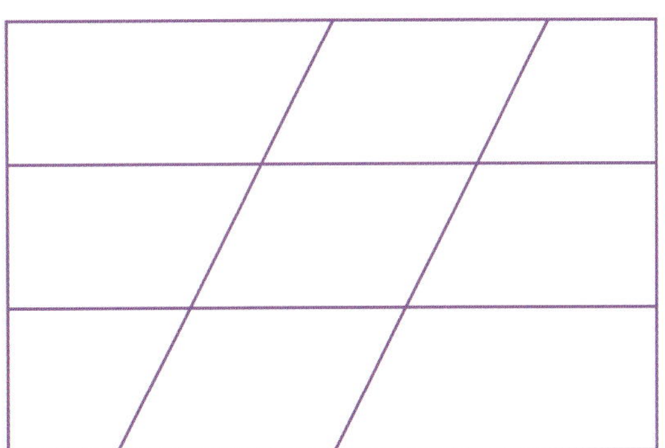

창의적 문제해결력

1 두 직선 가와 나는 평행합니다. ☐ 안에 알맞은 수를 써넣으시오.

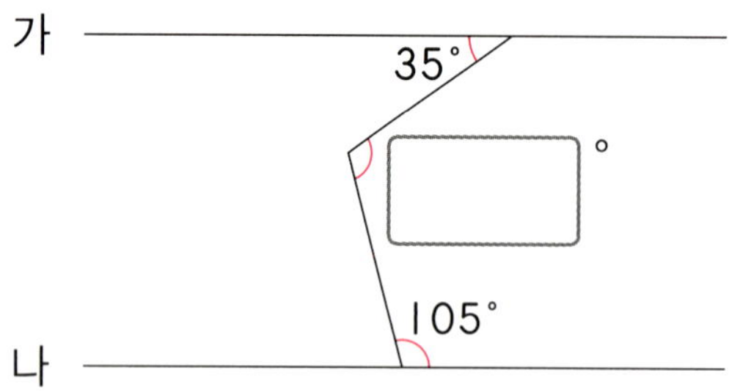

2 직사각형 안에 2개의 선분을 그었습니다. ☐ 안에 알맞은 수를 써넣으시오.

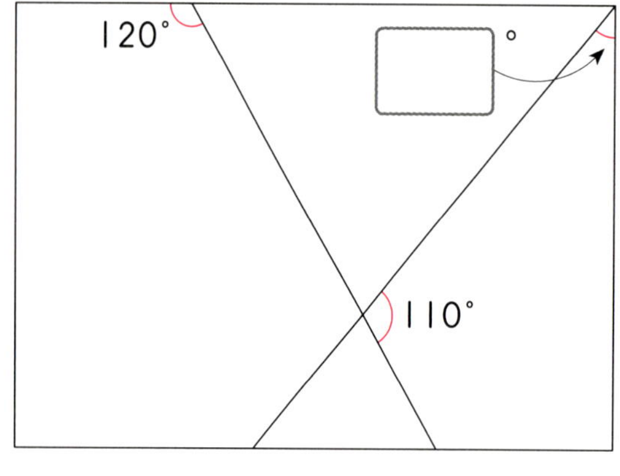

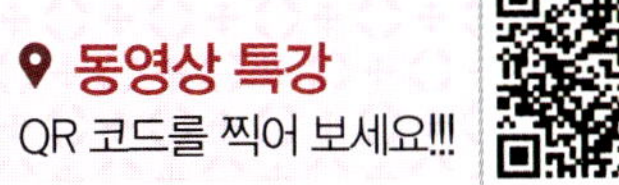

3 다음 도형에서 찾을 수 있는 사각형은 모두 몇 개입니까?

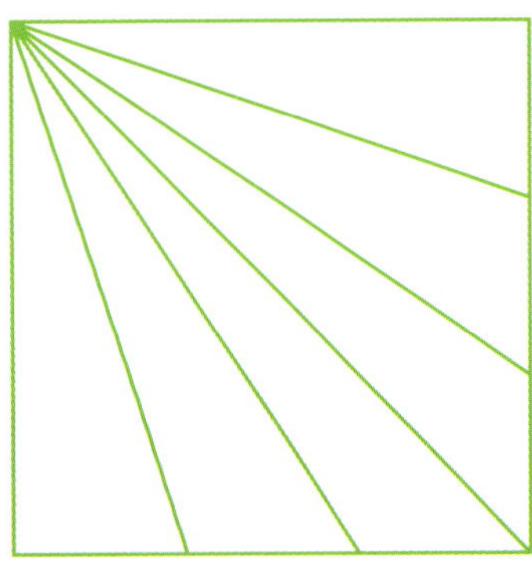

4 다음은 정사각형과 평행사변형, 정삼각형을 붙인 것입니다. 선을 따라 그릴 수 있는 사각형의 개수를 구하시오.

4

테셀레이션

정다각형의 한 각의 크기

서로 겹치지 않으면서 바닥을 빈틈없이 채우는 것을 테셀레이션이라고 합니다.

테셀레이션은 보도 블럭, 욕실의 타일 등 실생활에서도 많이 찾아볼 수 있고 테셀레이션을 이용한 아름다운 예술 작품들이 탄생하기도 하였습니다.

다음은 네델란드의 화가 에셔(M. C. Escher)의 작품으로 무척 복잡해 보이지만 실제로는 아주 간단한 하나의 모양을 겹치지 않게 빈틈없이 채워서 그린 테셀레이션 작품입니다.

다음 도형 중 한 종류의 도형을 사용하여 바닥을 깔 때 바닥을 빈틈없이 덮을 수 있는 모양을 모두 찾아 ◯표 하시오.

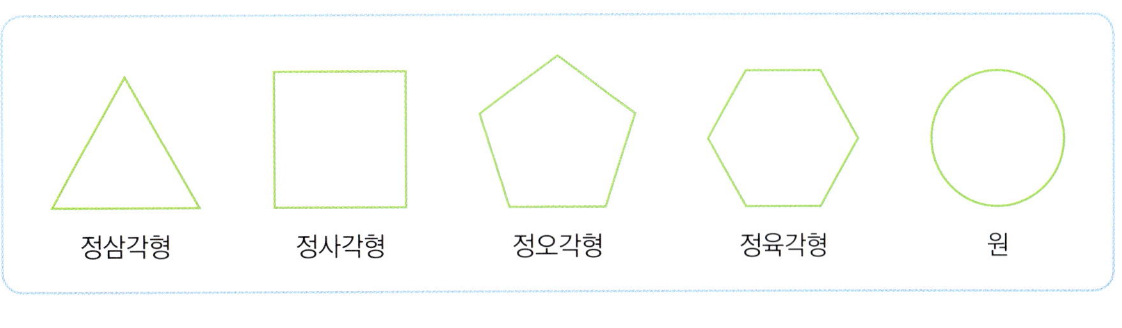

변의 길이가 모두 같고 각의 크기가 모두 같은 다각형을 정다각형이라고 합니다.

정⬚각형의 모든 각의 크기의 합은 (⬚−2)×180°이고

정⬚각형의 한 각의 크기는 {(⬚−2)×180°}÷⬚입니다.

주어진 도형으로 서로 겹치지 않으면서 바닥을 빈틈없이 채우는 것을 테셀레이션이라고 합니다. 한 가지 도형으로 테셀레이션이 가능한 정다각형은 정삼각형, 정사각형, 정육각형 3가지밖에 없습니다.

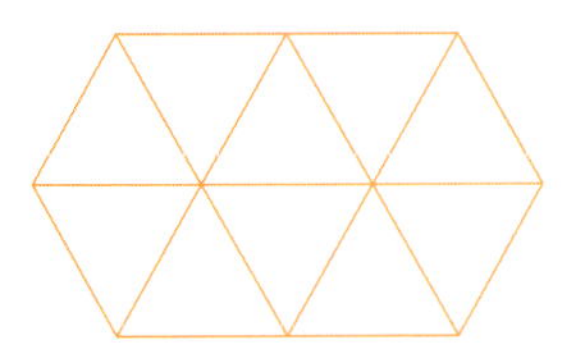 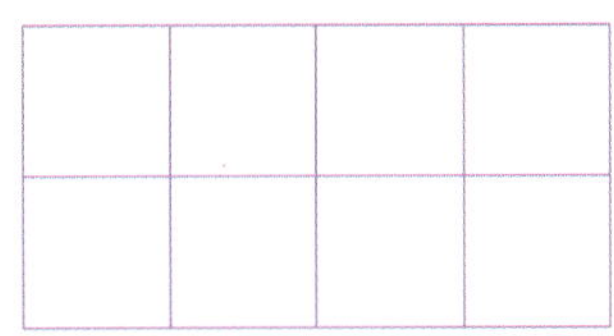 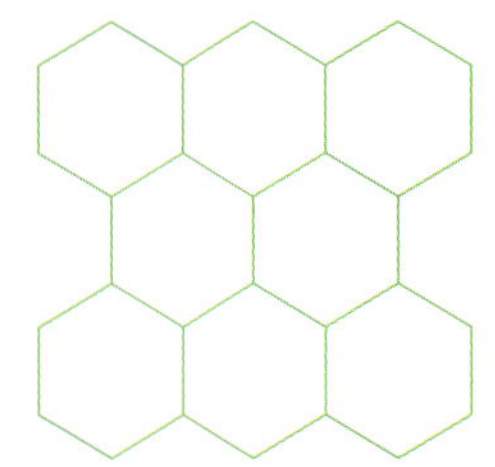

# 정다각형의 한 각의 크기 구하기

정오각형과 정육각형을 변끼리 이어 붙여 만든 모양입니다. 각 ㉠의 크기를 알아봅시다.

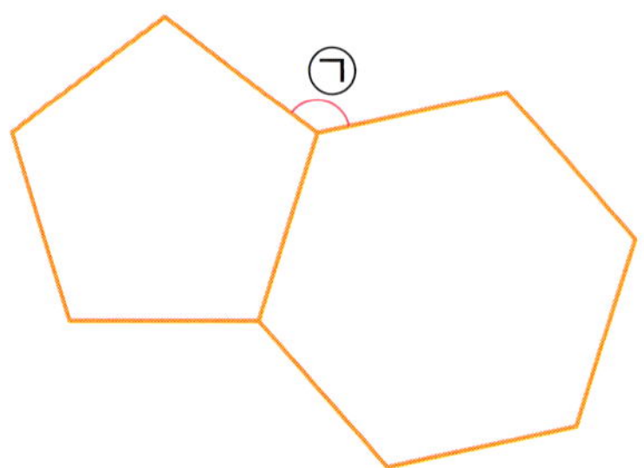

❶ 다음은 정다각형의 한 각의 크기를 구하는 표입니다. 빈칸에 알맞은 수를 써넣으시오.

정다각형	정삼각형	정사각형	정오각형	정육각형
모든 각의 크기의 합	180°	360°		
각의 수	3	4		
한 각의 크기	60°			

❷ 다음 ☐ 안에 알맞은 수를 써넣으시오. 각 ㉠의 크기는 몇 도입니까?

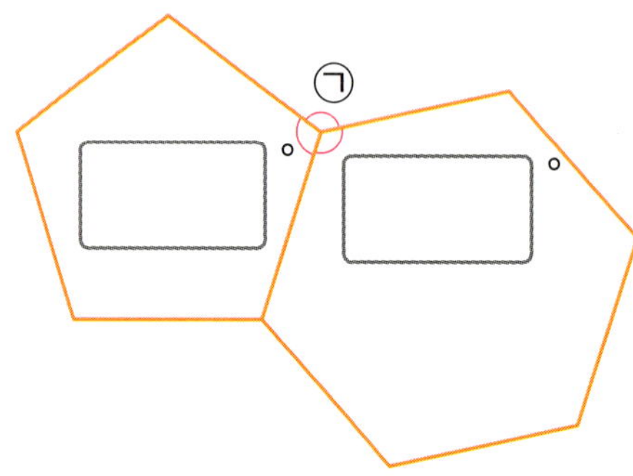

1 다음은 정다각형을 붙여 만든 모양입니다. ☐ 안에 알맞은 수를 써넣으시오.

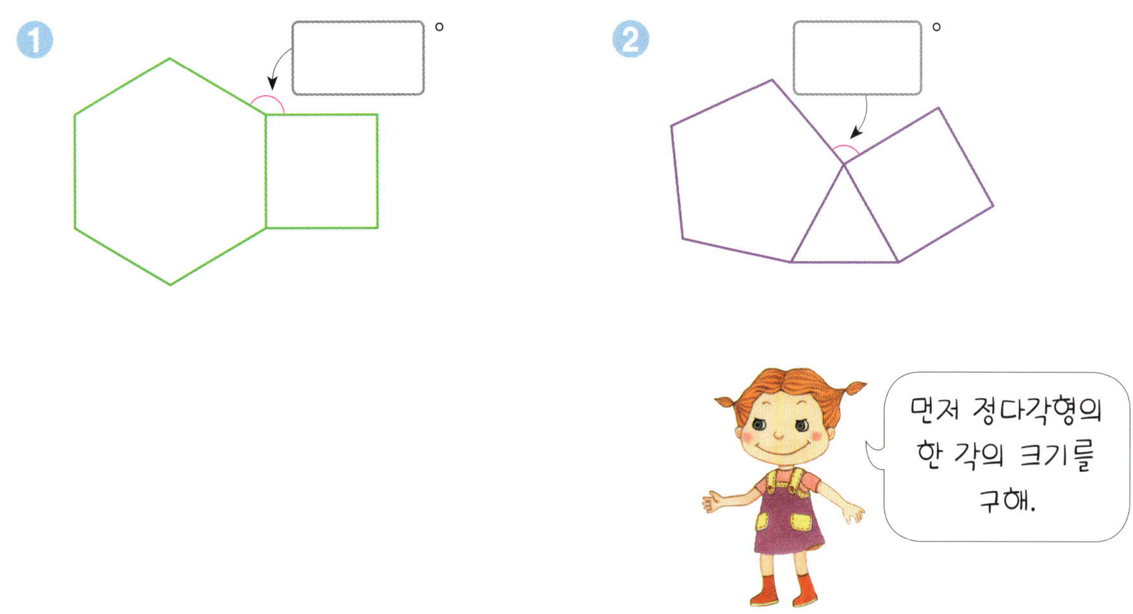

2 색칠한 도형은 정오각형입니다. ☐ 안에 알맞은 수를 써넣으시오.

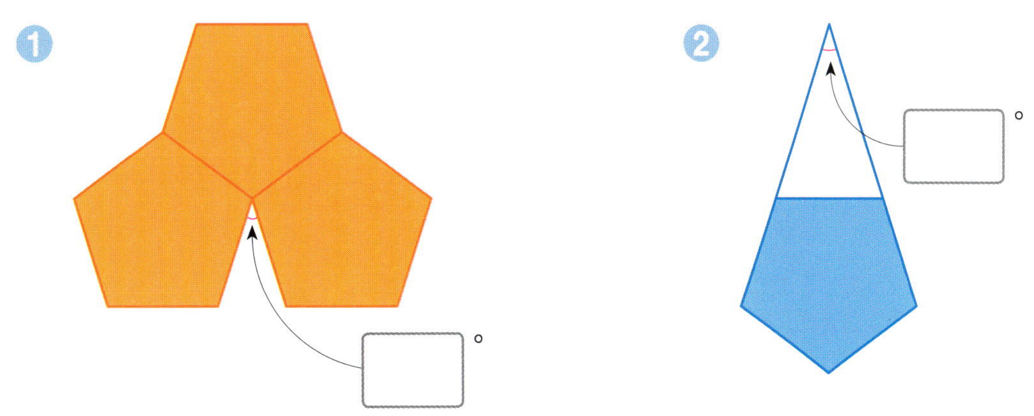

 # 원과 정다각형의 한 각의 크기

원 위에 일정한 간격으로 10개의 점이 찍혀 있고, 이 점을 이어서 정십각형을 만들었습니다. 정십각형의 한 각의 크기를 알아봅시다.

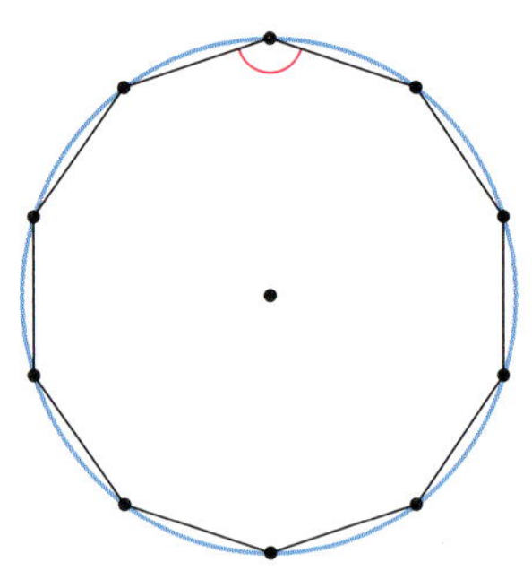

아인

❶ 정십각형의 꼭짓점에서 원의 중심을 이었습니다. 표시된 각 의 크기는 각각 몇 도입니까?

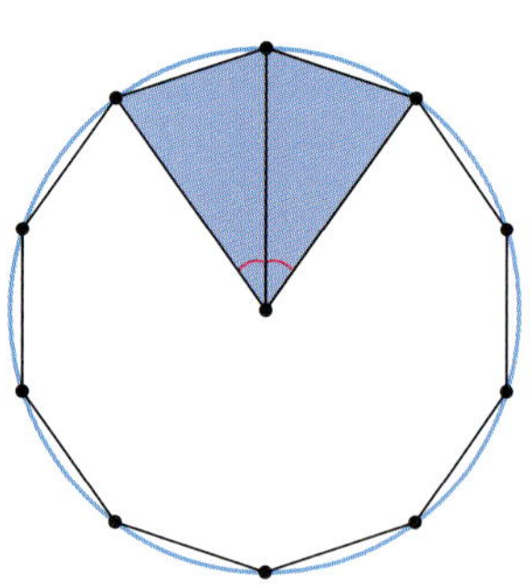

❷ 색칠한 2개의 작은 삼각형은 모두 이등변삼각형입니다. ☐ 안에 알맞은 수를 써넣 으시오.

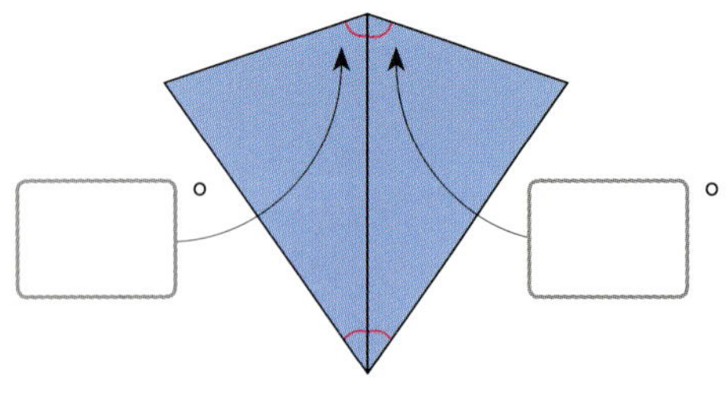

❸ 정십각형의 한 각의 크기는 몇 도입니까?

1 다음 그림을 보고 정팔각형의 한 각의 크기를 구하시오.

2 원 위에 12개의 점이 일정한 간격으로 찍혀 있습니다. 점을 이어 정십이각형을 그리고, 정십이각형의 한 각의 크기를 구하시오.

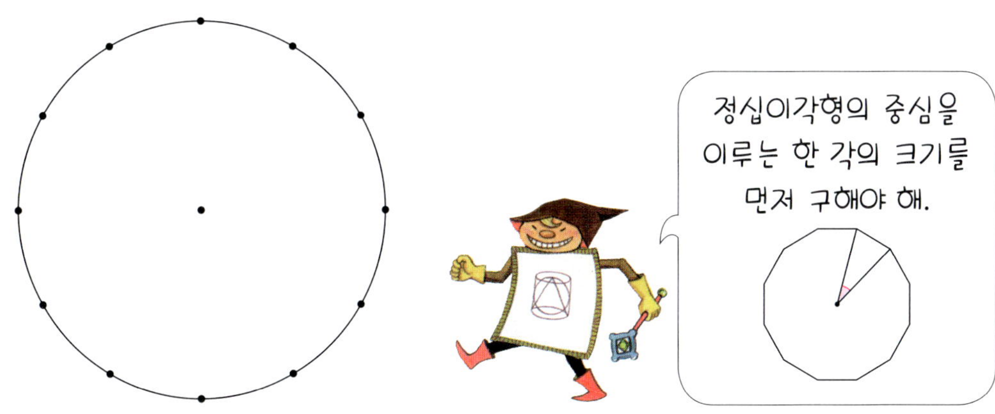

산만해 요괴와 울보 요괴가 정다각형을 이용하여 빈틈이 없는 문양을 만듭니다.

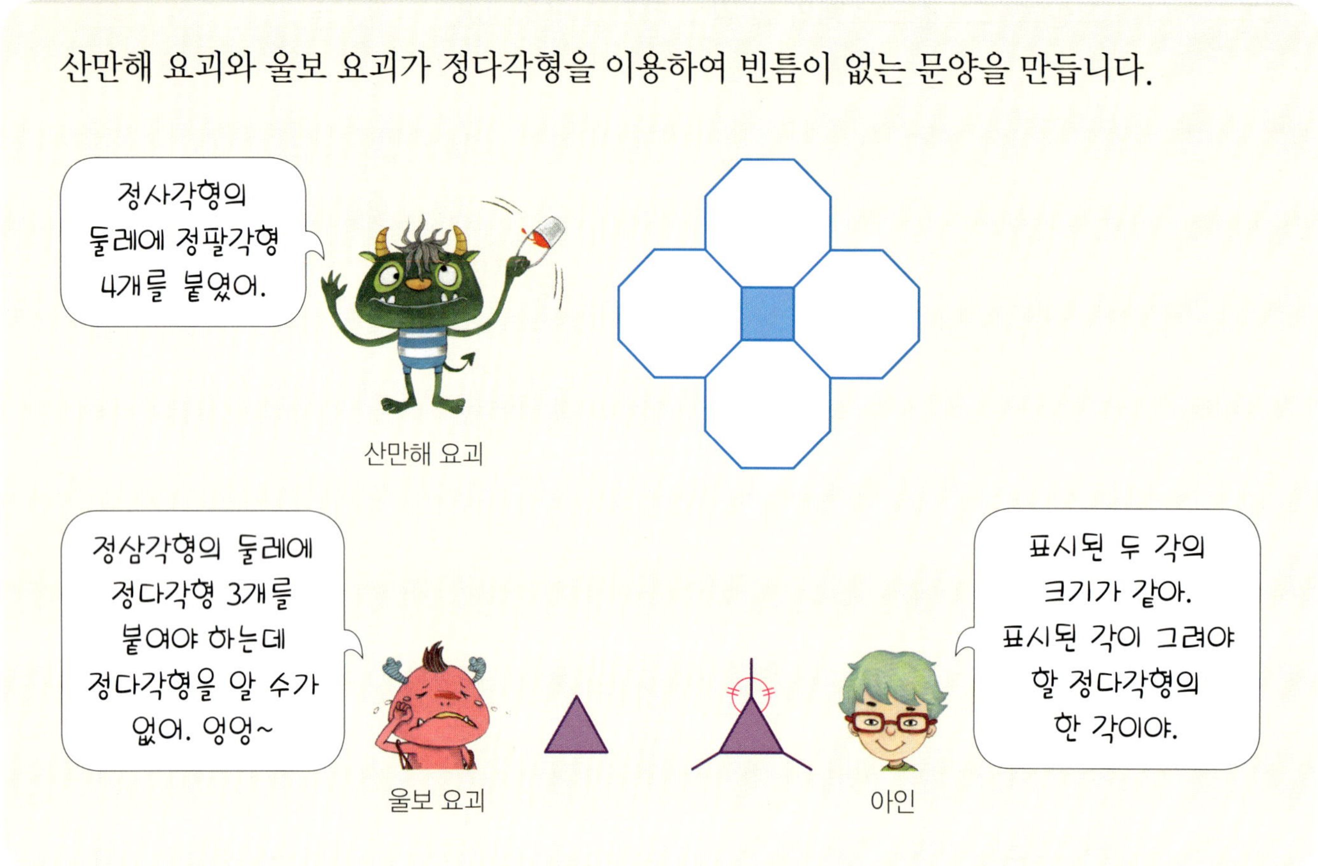

다음 표를 완성하시오.

정다각형	정삼각형	정사각형	정오각형	정육각형	정팔각형	정십각형	정십이각형
모든 각의 크기의 합	180°	360°	540°				
각의 수	3	4	5				
한 각의 크기	60°	90°	108°				

□ 안에 알맞은 수를 쓰고 울보 요괴가 그려야 할 정다각형의 이름을 쓰시오.

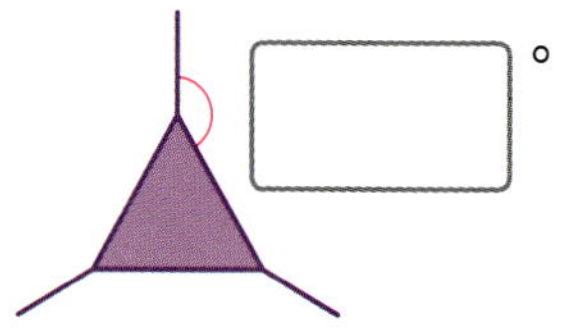

정십각형의 둘레에 똑같은 정다각형 10개를 이어 붙여 빈틈없는 모양을 만들고, 붙인 정다각형의 이름을 쓰시오.

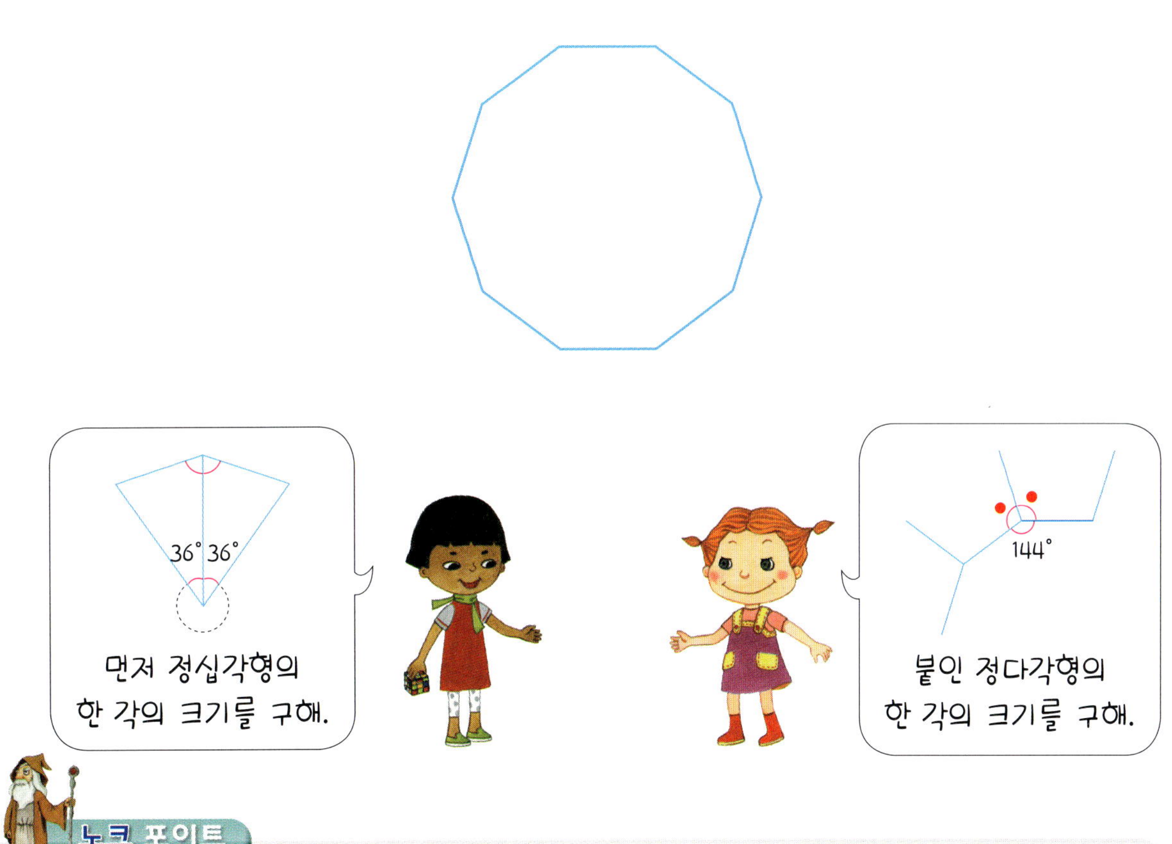

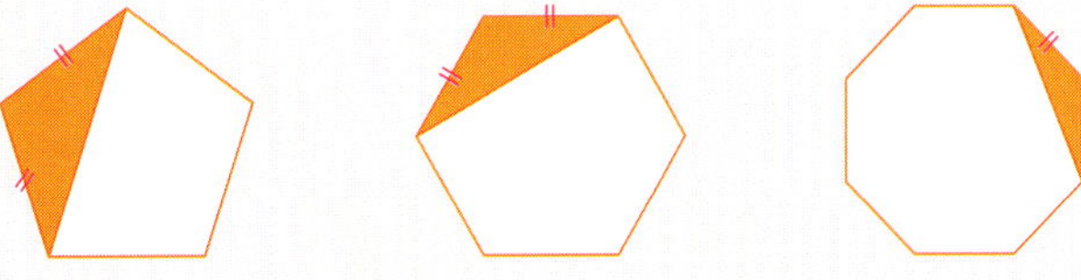

정다각형에서 한 칸 떨어진 꼭짓점을 잇는 대각선을 그리면 이등변삼각형을 만들 수 있습니다.

같은 모양의 이등변삼각형을 길이가 같은 변끼리 겹치지 않게 빈틈없이 이어 붙이면 표시된 각의 크기의 합은 360°가 됩니다.

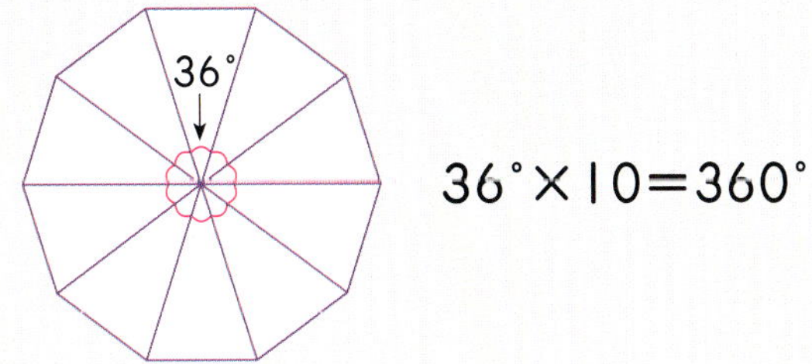

$$36° \times 10 = 360°$$

 # 정다각형의 두 대각선이 이루는 각

정육각형에 두 개의 대각선을 그었습니다. 각 ㉠의 크기를 알아봅시다.

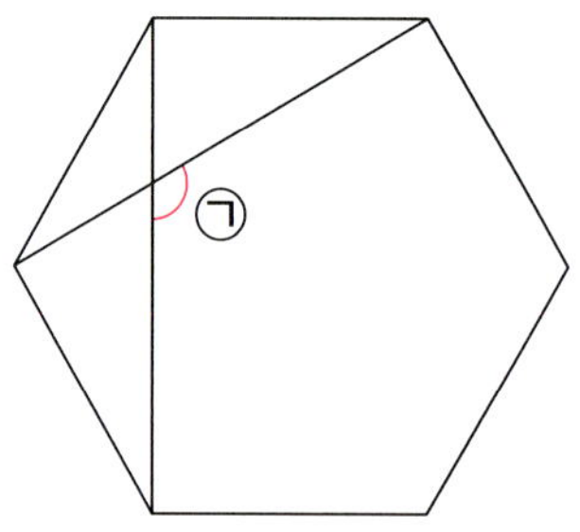

❶ 정육각형의 한 각의 크기를 구하시오.

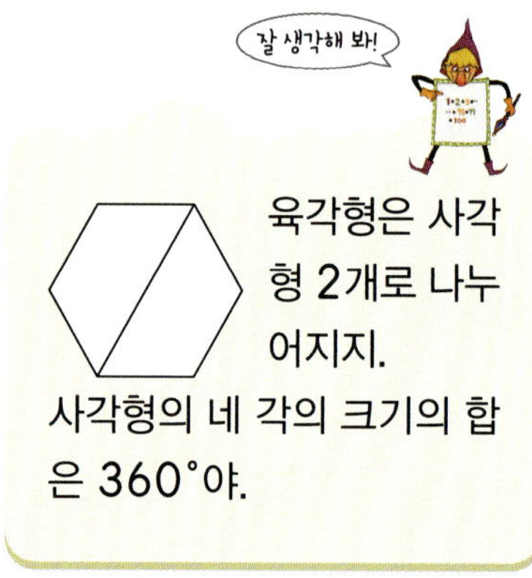

❷ 색칠한 삼각형은 이등변삼각형입니다. ☐ 안에 알맞은 수를 써넣으시오.

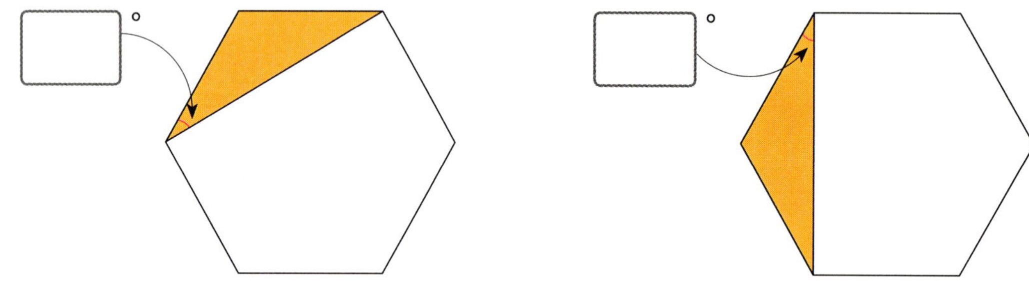

❸ ❷에서 구한 각의 크기를 사용하여 각 ㉠의 크기를 구하시오.

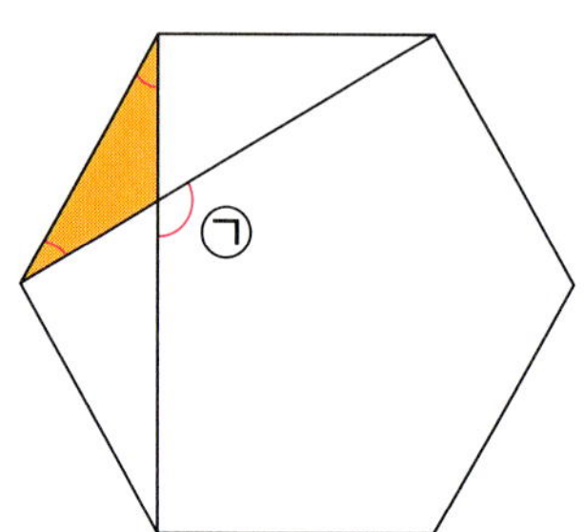

1 정오각형에 두 대각선을 그었습니다. ☐ 안에 알맞은 수를 써넣으시오.

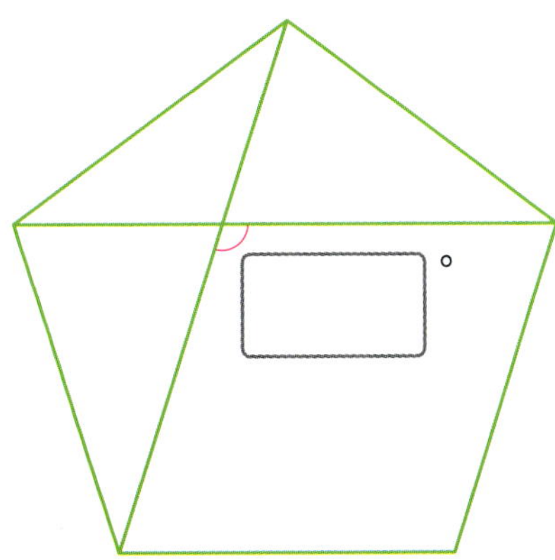

2 정오각형과 정육각형을 한 변이 맞닿게 그린 후 꼭짓점을 이었습니다. ☐ 안에 알맞은
수를 써넣으시오.

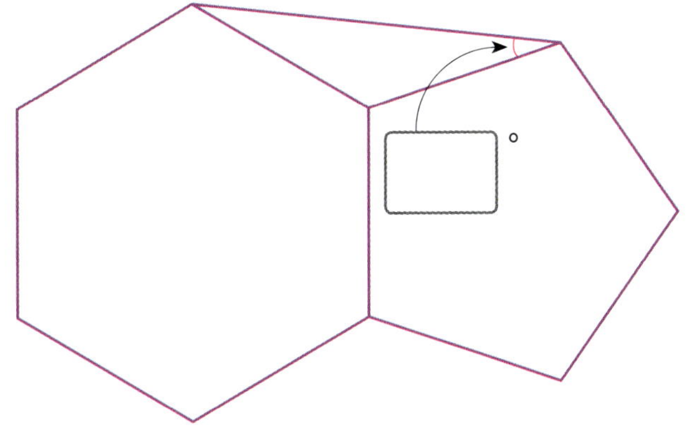

 # 사다리꼴을 붙여 만든 도형

주어진 사다리꼴 모양의 도형 조각을 겹치지 않게 둥글게 이어 붙여 만들 수 있는 도형의 바깥쪽 둘레의 길이를 알아봅시다.

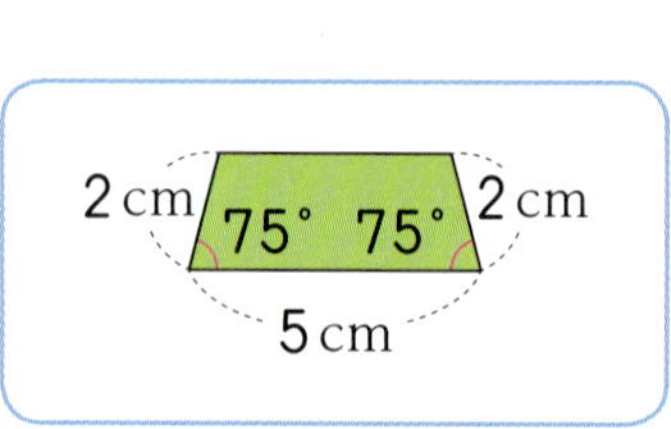

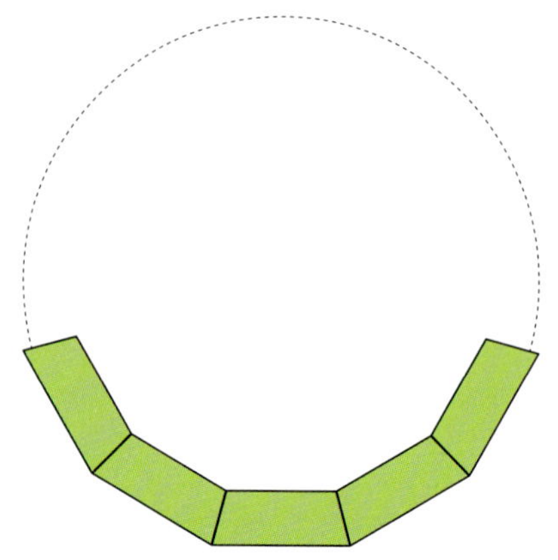

❶ 사다리꼴의 두 변을 연장하면 다음과 같은 이등변삼각형이 만들어집니다. ☐ 안에 알맞은 수를 써넣으시오.

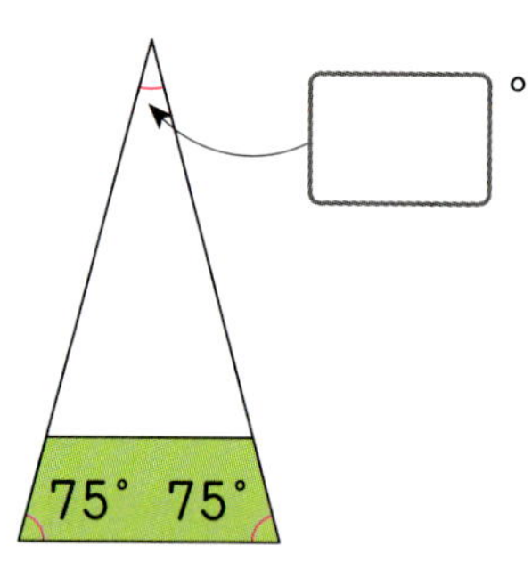

❷ 다음과 같이 ❶의 이등변삼각형을 둥글게 이어 붙입니다. 이등변삼각형은 몇 개 필요합니까?

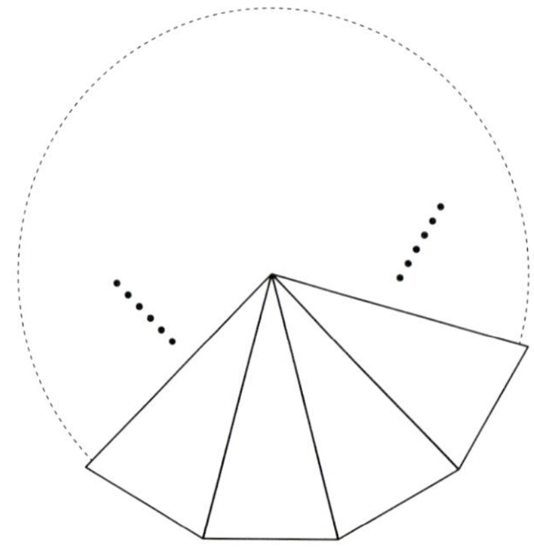

❸ 바깥쪽 둘레를 이루는 도형의 이름을 쓰고, 도형의 둘레의 길이를 구하시오.

1 정오각형 모양 타일 몇 개를 변끼리 둥글게 이어 붙였습니다. 한 바퀴를 붙이는데 사용한 정오각형 모양 타일은 모두 몇 개입니까?

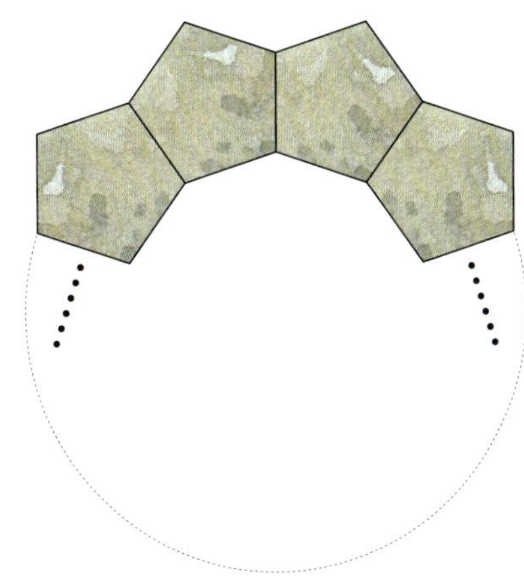

2 다음과 같이 $4\,cm$ 길이의 선분을 이어 붙여서 정다각형을 만들었습니다. 만들어진 정다각형의 이름을 쓰시오.

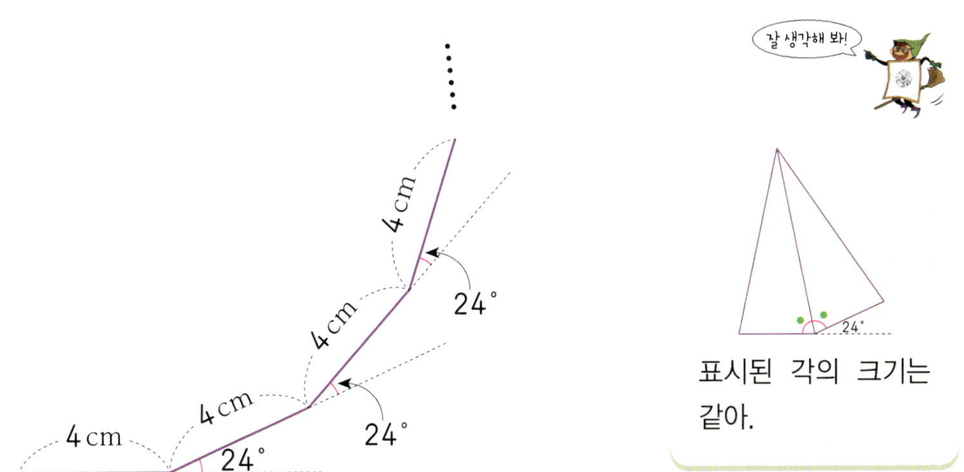

준정다각형 테셀레이션

한 종류의 정다각형으로 테셀레이션이 가능한 도형은 정삼각형, 정사각형, 정육각형이고, 이 도형으로 만든 테셀레이션을 정다각형 테셀레이션이라고 합니다.

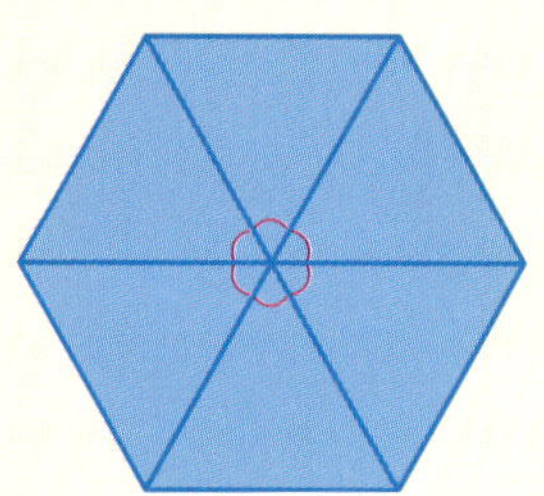

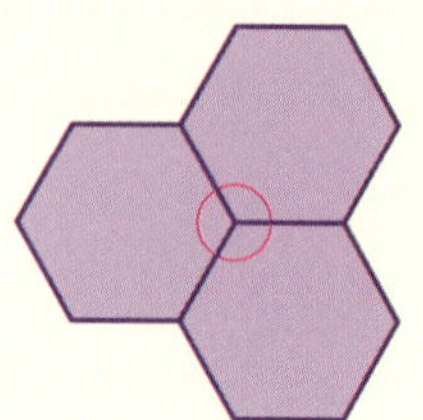

두 가지 이상의 정다각형을 이어 붙여 만든 테셀레이션을 준정다각형 테셀레이션이라고 합니다.

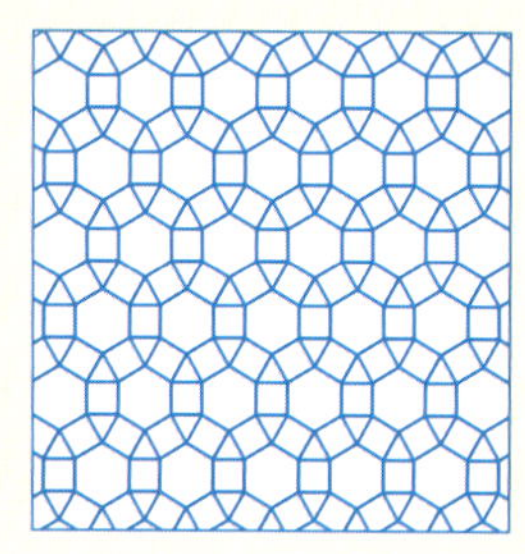
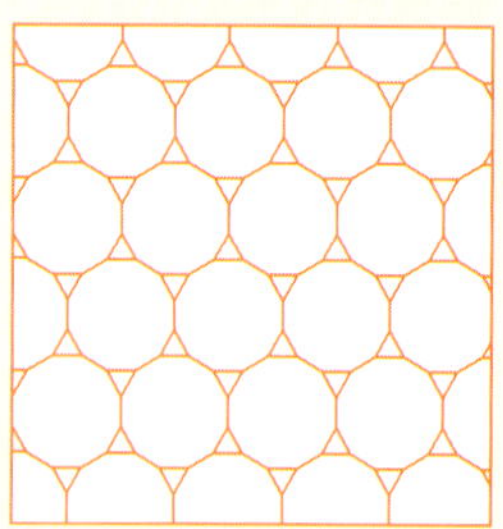

정삼각형과 정육각형을 이용하여 테셀레이션이 되는 이유를 설명한 것입니다. ☐ 안에 알맞은 수를 써넣으시오.

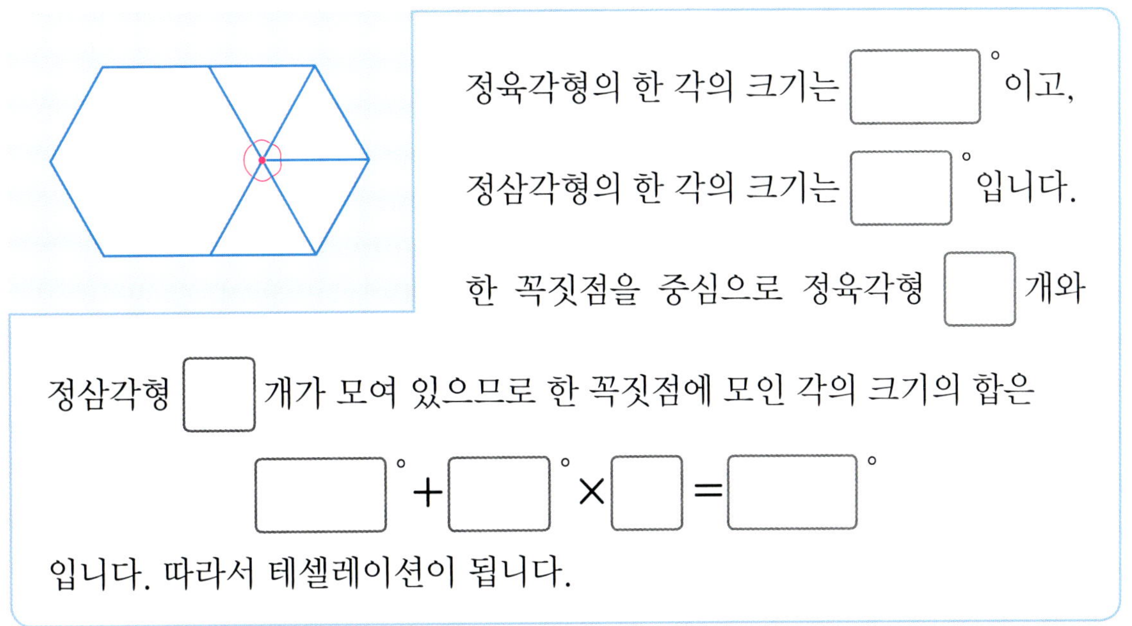

정육각형의 한 각의 크기는 ☐ °이고,

정삼각형의 한 각의 크기는 ☐ °입니다.

한 꼭짓점을 중심으로 정육각형 ☐ 개와 정삼각형 ☐ 개가 모여 있으므로 한 꼭짓점에 모인 각의 크기의 합은

☐ ° + ☐ ° × ☐ = ☐ °

입니다. 따라서 테셀레이션이 됩니다.

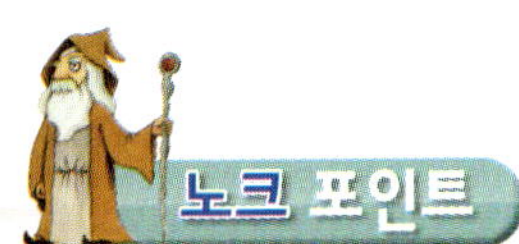

두 가지 이상의 정다각형으로 서로 겹치지 않으면서 바닥을 빈틈없이 채우는 것을 준정다각형 테셀레이션이라고 합니다.

테셀레이션이 가능하려면 한 꼭짓점에 모이는 정다각형의 각의 크기의 합이 $360°$가 되어야 합니다.

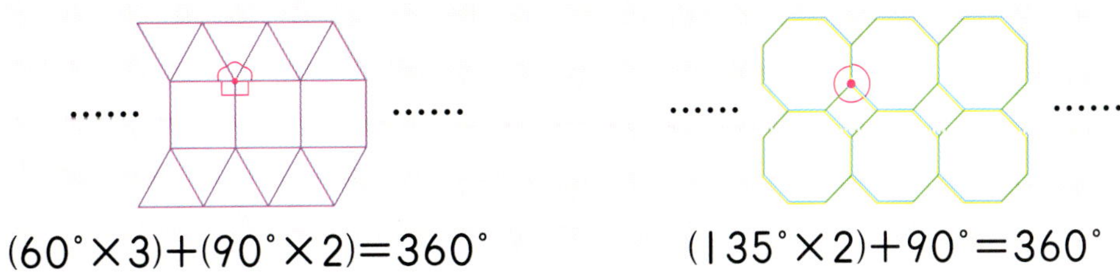

$(60°×3)+(90°×2)=360°$　　　　$(135°×2)+90°=360°$

두 가지 정다각형 테셀레이션

다음은 정삼각형과 정육각형 타일을 이용하여 빈틈없이 바닥을 깐 것입니다.

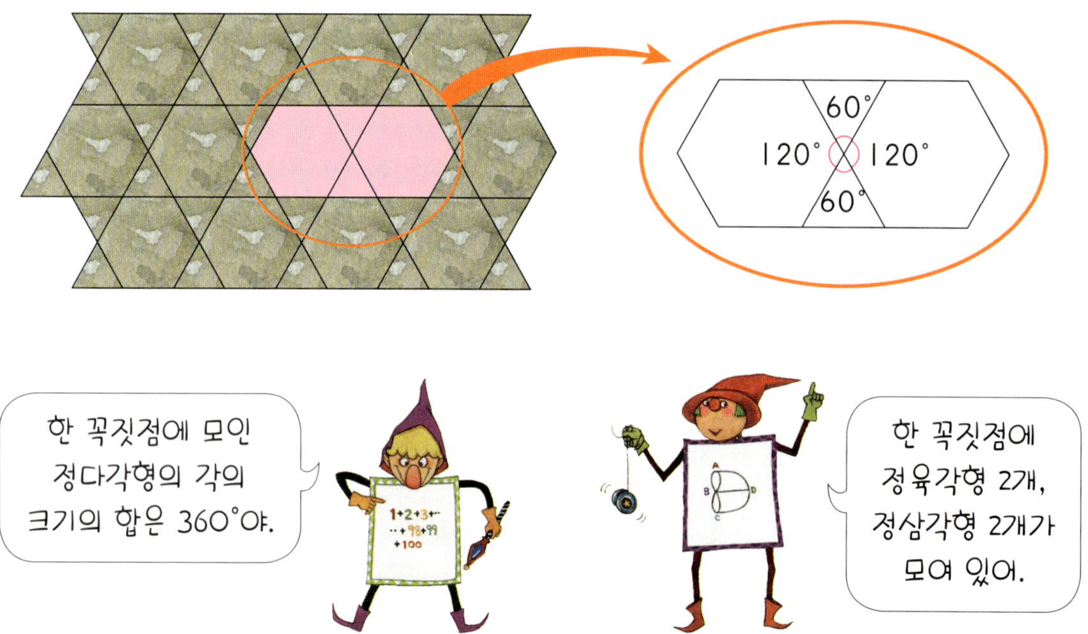

위와 같이 정삼각형과 정사각형 타일을 이용하여 바닥을 빈틈없이 채울 때, 한 꼭짓점에는 정삼각형과 정사각형이 각각 몇 개씩 모이면 되는지 알아봅시다.

❶ 정삼각형과 정사각형의 한 각의 크기는 각각 몇 도입니까?

❷ 한 꼭짓점에 모인 각의 크기의 합이 360°가 되려면 정삼각형과 정사각형이 각각 몇 개씩 있어야 합니까?

[한 꼭짓점에 모인 정다각형의 개수]

1 변의 길이가 같은 정사각형과 정팔각형을 이어 붙여 바닥을 빈틈없이 채울 때, 한 꼭짓점에 모인 정사각형과 정팔각형은 각각 몇 개씩 있어야 합니까?

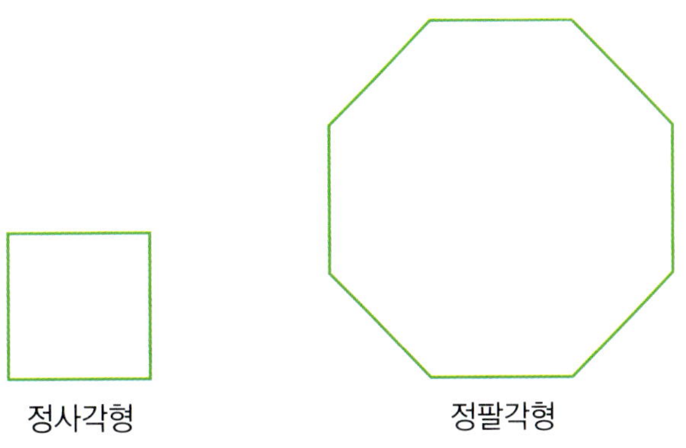

[테셀레이션 그리기]

2 같은 크기의 정사각형과 정팔각형 두 가지 도형으로 다음 모양을 빈틈없이 채워 보시오.

 # 세 가지 정다각형 테셀레이션

한 변의 길이가 같은 정삼각형, 정사각형, 정육각형이 있습니다. 각 도형을 1개 이상 사용하여 바닥을 빈틈없이 깔려고 합니다. 한 꼭짓점에 모이는 정다각형은 각각 몇 개인지 알아봅시다.

❶ 정삼각형, 정사각형, 정육각형의 한 각의 크기를 구하시오.

❷ 정삼각형, 정사각형, 정육각형을 한 꼭짓점에 모이도록 이어 붙였습니다. ☐ 안에 알맞은 수를 써넣으시오.

❸ 각 도형을 1개 이상 사용하여 한 꼭짓점에 모이는 각의 크기의 합이 360°가 되려면 각 정다각형은 몇 개씩 있어야 합니까?

1 정사각형, 정육각형, 정십이각형을 사용하여 만든 준정다각형 테셀레이션에서 한 꼭짓점에 모이는 각의 크기의 합을 구한 것입니다. ⬜ 안에 알맞은 수를 써넣으시오.

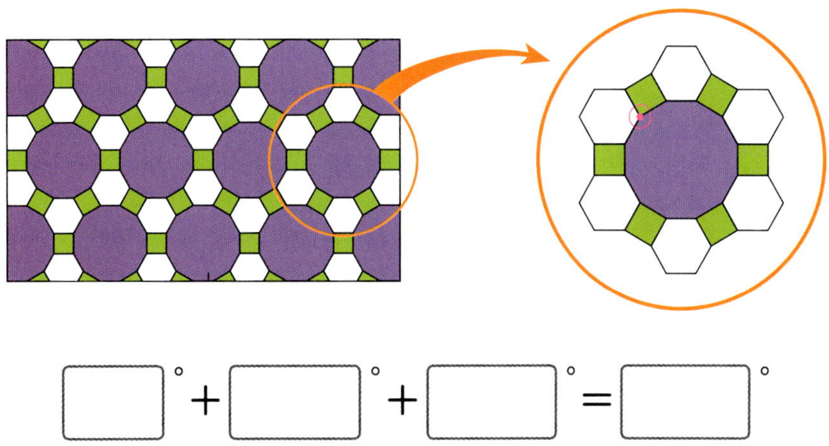

$$\boxed{}° + \boxed{}° + \boxed{}° = \boxed{}°$$

[테셀레이션에 필요한 정다각형의 개수]

2 정삼각형, 정사각형, 정십이각형 조각을 1개 이상씩 사용하여 한 꼭짓점에 모인 각의 크기의 합이 360°가 되도록 만들려고 합니다. 필요한 정다각형의 개수를 쓰시오.

정삼각형: ⬜ 개   정사각형: ⬜ 개   정십이각형: ⬜ 개

창의적 문제해결력

1 한 변의 길이가 같은 정육각형, 정팔각형, 정오각형을 이어 붙였습니다. ☐ 안에 알맞은 수를 써넣으시오.

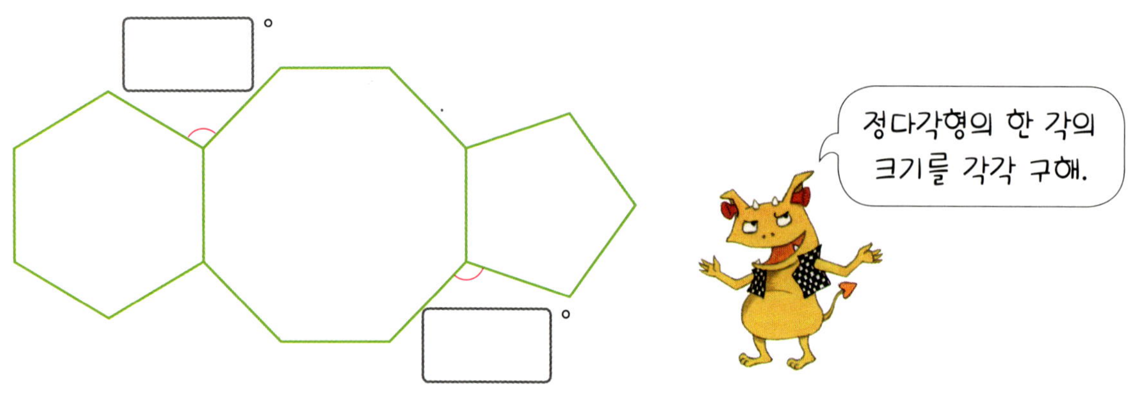

2 사다리꼴 모양 조각 15개를 둥글게 이어 붙여 오른쪽과 같이 겹치지 않고, 빈틈이 없는 모양이 되었습니다. 표시된 두 각의 크기가 같다고 할 때 ☐ 안에 알맞은 수를 써넣으시오.

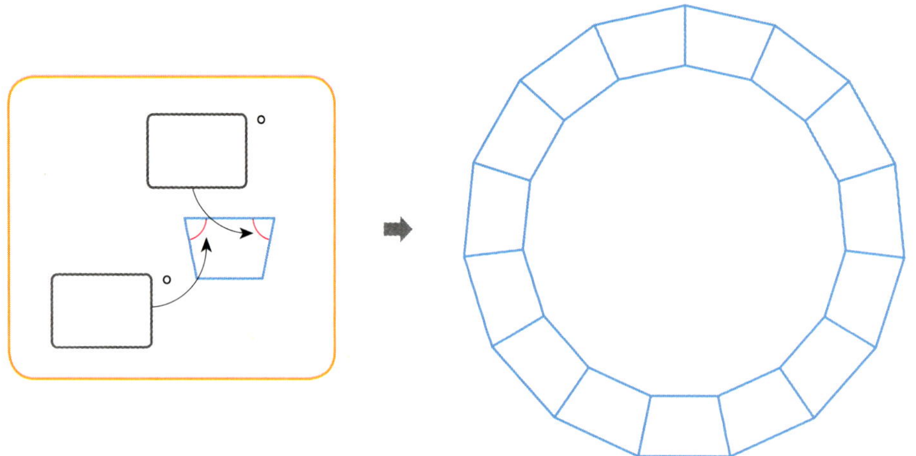

3 정십각형에서 두 대각선을 그린 것입니다. ☐ 안에 알맞은 수를 써넣으시오.

4 오른쪽 그림은 정삼각형, 정사각형, 정육각형을 사용하여 만든 준정다각형 테셀레이션입니다. ☐ 안에 알맞은 수를 써넣으시오.

한 꼭짓점을 중심으로

한 각의 크기가 ☐ °인 정삼각형 ☐ 개,

한 각의 크기가 ☐ °인 정사각형 ☐ 개,

한 각의 크기가 ☐ °인 정육각형 ☐ 개가

모여 있으므로 한 꼭짓점에 모인 각의 크기의 합은 ☐ °가 됩니다.

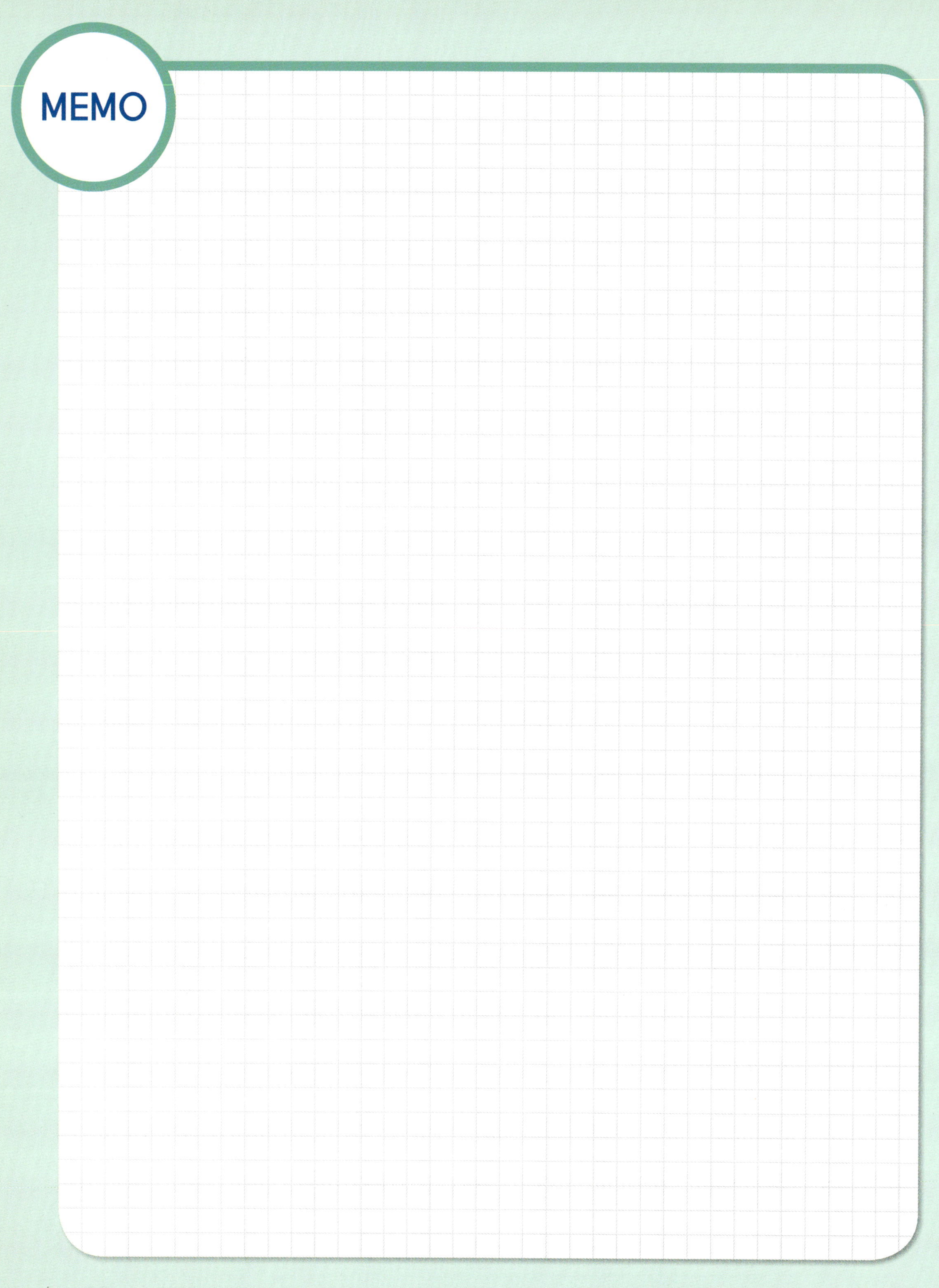
MEMO

정답 및 해설

평면
도형

D3

(11~12세)

누구나 **쉽고 재미있게**
사고력
수학

노크

천재교육

누구나 쉽고 재미있게
사고력
수학
노크

매일 마시는 스마트 교과서
milk T
천재교육이 만든 초등 전과목 스마트 학습

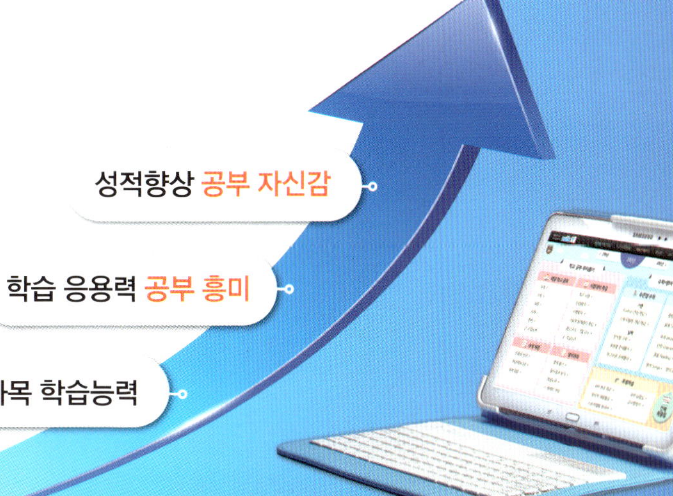

성적향상 공부 자신감
학습 응용력 공부 흥미
전과목 학습능력

정답 및 해설

D3
(11~12세)

평면도형

Chapter 1

삼각형의 각도와 길이

1 이등변삼각형과 정삼각형

지금으로부터 2600년 전 그리스의 수학자 탈레스는 기하학의 기초를 세웠습니다.

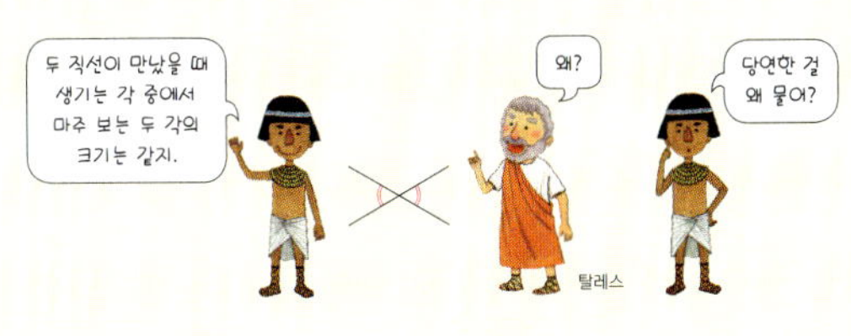

탈레스는 당연하다고 생각한 것을 '왜?'라고 물었고 그 이유를 논리적으로 밝혀내었습니다.

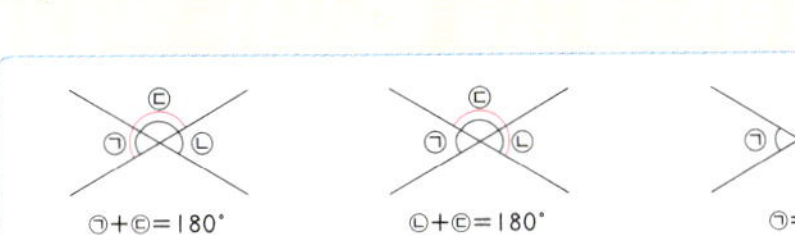

이외에도 탈레스는 여러 가지 도형의 성질을 논리적으로 밝혀냈습니다.

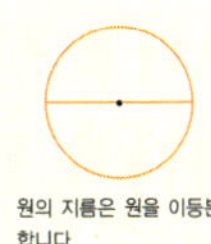
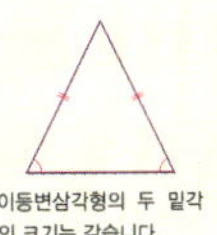
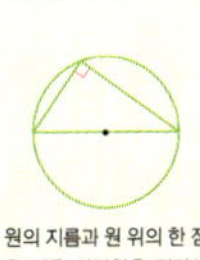

원의 지름은 원을 이등분 합니다.

이등변삼각형의 두 밑각의 크기는 같습니다.

원의 지름과 원 위의 한 점을 이은 삼각형은 직각삼각형입니다.

이등변삼각형과 정삼각형을 보고, ☐ 안에 알맞은 수를 써넣으시오.

이등변삼각형

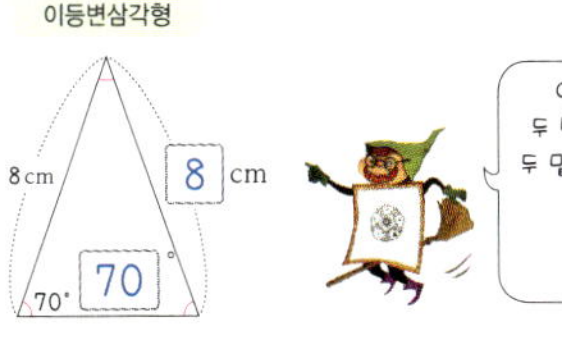

정삼각형

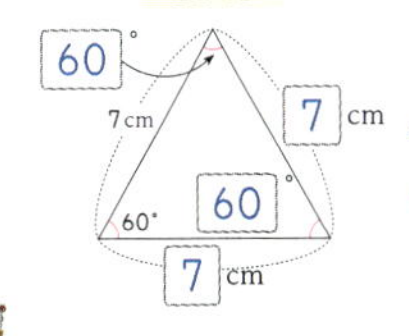

노크 포인트

① 두 변의 길이가 같은 삼각형을 이등변삼각형이라고 합니다.
　이등변삼각형은 두 변의 길이가 같고, 두 밑각의 크기가 같습니다.

② 세 변의 길이가 같은 삼각형을 정삼각형이라고 합니다.
　정삼각형은 세 변의 길이가 같고, 세 각의 크기가 60°로 모두 같습니다.
　세 변의 길이가 같은 정삼각형은 두 변의 길이도 같으므로 이등변삼각형이라 할 수 있습니다.

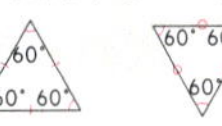

이등변삼각형

삼각형 가, 나, 다는 모두 이등변삼각형입니다. 각 ㉠의 크기를 알아봅시다.

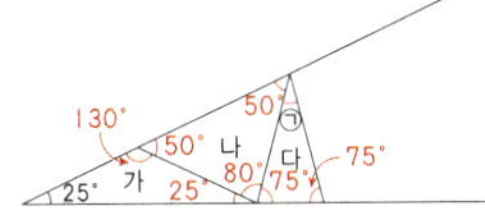

❶ 삼각형 가에서 길이가 같은 두 변을 ◦로 표시하였습니다. 삼각형 나와 다에서 길이가 같은 변을 찾아 모두 ◦로 표시하시오.

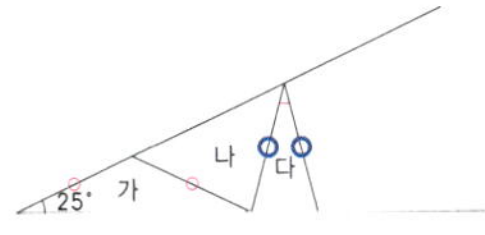

❷ 왼쪽 세 가지 설명을 보고, 번호 순서대로 ☐ 안에 알맞은 수를 써넣으시오.

① 이등변삼각형의 두 밑각의 크기는 같습니다.
② 삼각형의 세 각의 크기의 합은 180°입니다.
③ 직선을 이루는 각의 크기의 합은 180°입니다.

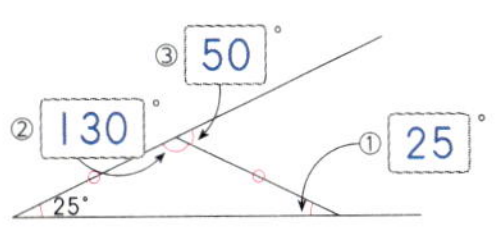

❸ ❶과 같은 방법으로 삼각형 나와 다의 각의 크기를 구하시오. 각 ㉠의 크기는 몇 도입니까?　30°

㉠+75°+75°=180°

[이등변삼각형으로 나누어진 삼각형]

1 다음 그림에서 삼각형 가, 나, 다는 모두 이등변삼각형입니다. ☐ 안에 알맞은 수를 써넣으시오.

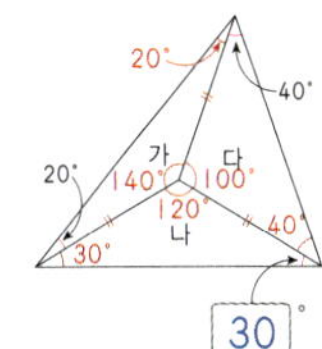
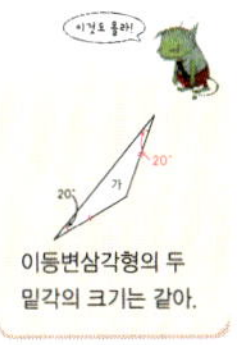

[이등변삼각형 이어 붙이기]

2 다음 그림에서 삼각형 가, 나, 다는 모두 이등변삼각형입니다. ☐ 안에 알맞은 수를 써넣으시오.

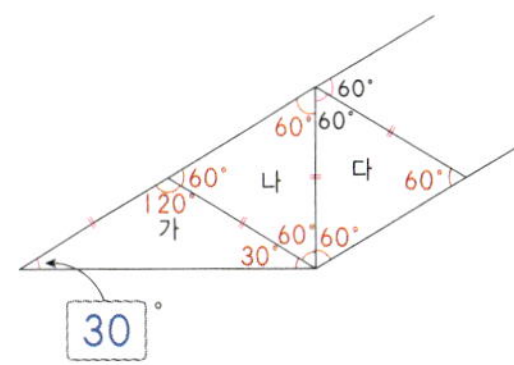

2　D3 평면도형

14 / 15

정삼각형

정사각형 모양의 색종이를 접어 정삼각형을 만듭니다. 각 ㉠의 크기를 알아봅시다.

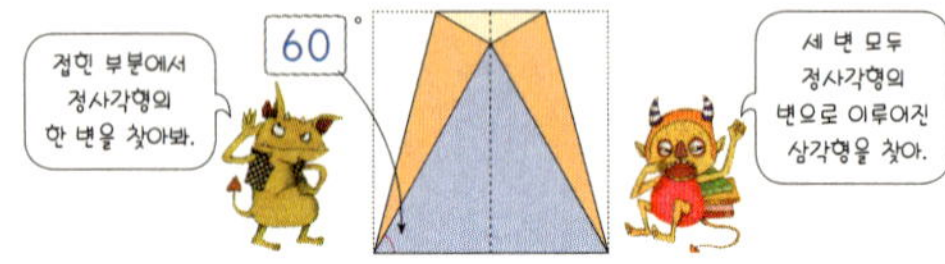

❶ 다음 그림에서 정삼각형을 찾아 색칠하고 ☐ 안에 알맞은 수를 써넣으시오.

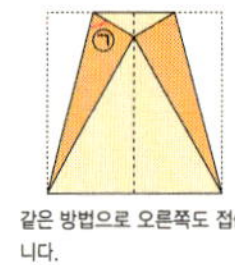

❷ 접힌 부분과 접기 전 부분의 각의 크기가 같습니다. ☐ 안에 알맞은 수를 써넣으시오.

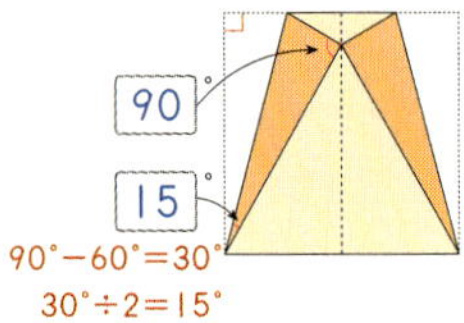

90

15

$90°-60°=30°$
$30°÷2=15°$

❸ 삼각형의 세 각의 크기의 합은 180°입니다. 각 ㉠의 크기는 몇 도입니까? 75°

$90°+15°+㉠=180°, ㉠=75°$

[정삼각형의 각]

1 다음 그림에서 색칠한 삼각형은 정삼각형입니다. ☐ 안에 알맞은 수를 써넣으시오.

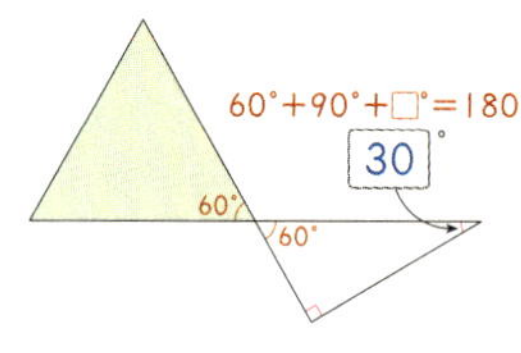

$60°+90°+☐°=180°$

30

[모개어진 정삼각형]

2 크기가 같은 정삼각형 2개를 다음과 같이 포개어 놓았습니다. ☐ 안에 알맞은 수를 써넣으시오.

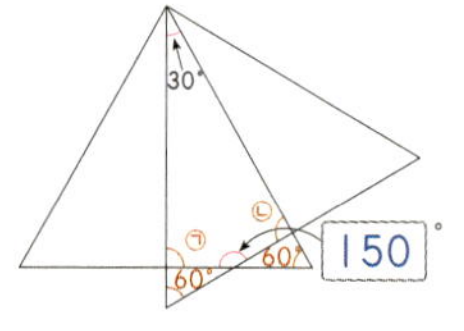

150

정삼각형의 한 각의 크기는 60°이고
$30°+㉠+60°=180°,$
$30°+㉡+60°=180°$이므로
㉠=90°, ㉡=90°입니다.
사각형의 네 각의 크기의 합이 360°이므로
$30°+㉠+☐°+㉡=360°, ☐°=150°$입니다.

---

16 / 17

② 숨겨진 이등변삼각형

대마법사 밀린은 정사각형 안에 정삼각형을 그린 후 다음과 같이 꼭짓점끼리 선으로 이었습니다.

다음은 정사각형 위에 정삼각형을 붙여 그린 후 꼭짓점끼리 선으로 이은 도형입니다. 이등변삼각형 3개를 더 찾아 색칠하시오.

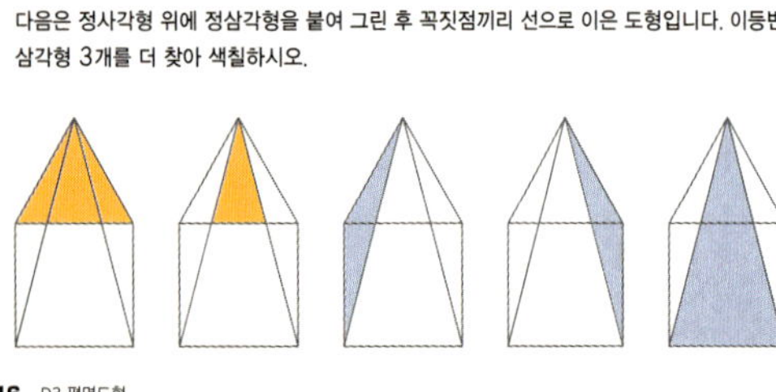

정사각형의 안과 밖에 정삼각형을 각각 붙여 그린 후 꼭짓점끼리 선으로 이었습니다. 색칠한 삼각형이 이등변삼각형이라고 할 때, ☐ 안에 알맞은 수를 써넣으시오.

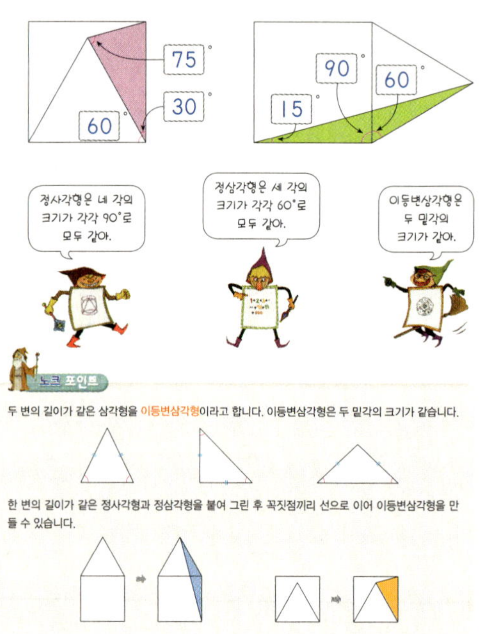

콕콕 포인트

두 변의 길이가 같은 삼각형을 이등변삼각형이라고 합니다. 이등변삼각형은 두 밑각의 크기가 같습니다.

한 변의 길이가 같은 정사각형과 정삼각형을 붙여 그린 후 꼭짓점끼리 선으로 이어 이등변삼각형을 만들 수 있습니다.

정답 및 해설 **3**

🛡️ 이등변삼각형 찾기

색칠한 두 개의 삼각형은 크기와 모양이 같습니다. 각 ㉠의 크기를 알아봅시다.

❶ 다음 오른쪽 색칠한 삼각형에서 왼쪽 색칠한 삼각형의 각 ㉡과 각 ㉢의 크기와 같은 각을 찾아 ○ 안에 기호를 쓰고, □ 안에 알맞은 수를 써넣으시오.

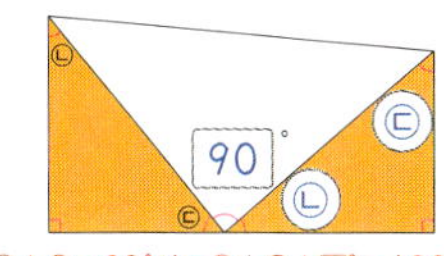

㉡+㉢=90°이고 ㉡+㉢+□˚=180°이므로 □˚=90°입니다.

❷ 그림에서 길이가 같은 두 변을 ○로 표시하고, 이등변삼각형을 찾아 색칠하시오.

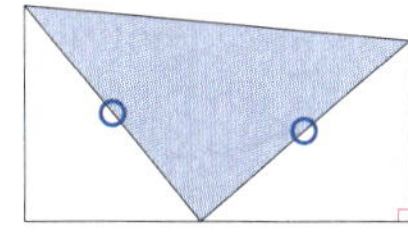

❸ 이등변삼각형의 두 밑각의 크기는 같습니다. 각 ㉠의 크기는 몇 도입니까? 45°
㉠+㉠+90°=180°, ㉠=45°

[크기와 모양이 같은 이등변삼각형]

1 크기와 모양이 같은 이등변삼각형 2개를 붙여 그린 후 꼭짓점끼리 선으로 이었습니다. □ 안에 알맞은 수를 써넣으시오.

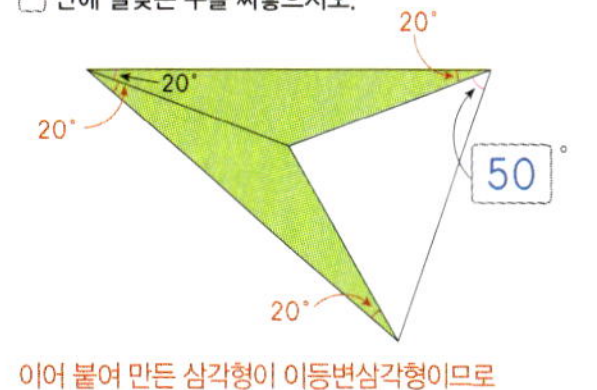

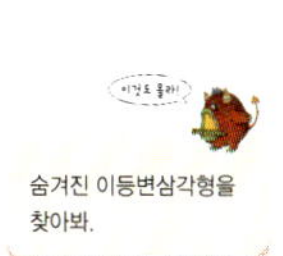

이어 붙여 만든 삼각형이 이등변삼각형이므로
(20°+20°)+(20°+□˚)+(20°+□˚)=180°
□˚×2=100°
□˚=50°

[띠와 이등변삼각형]

2 직사각형 모양의 띠를 직각을 이루도록 접었습니다. □ 안에 알맞은 수를 써넣으시오.

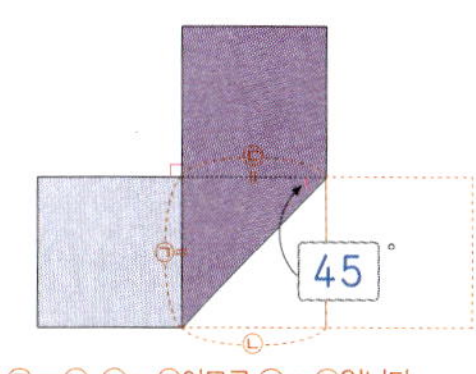

접은 모양의 띠를 펼치면 ㉠=㉡, ㉡=㉢이므로 ㉠=㉢입니다.
이등변삼각형은 두 밑각의 크기가 같으므로
90°+□˚+□˚=180°, □˚=45°입니다.

🐚 숨겨진 이등변삼각형 찾기

정사각형 안에 정삼각형을 붙여 그린 후, 꼭짓점끼리 선으로 이었습니다. 각 ㉠의 크기를 알아봅시다.

❶ 정삼각형이 아닌 이등변삼각형을 모두 찾아 색칠하시오.

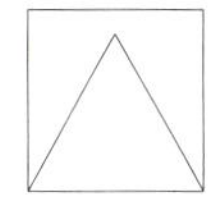 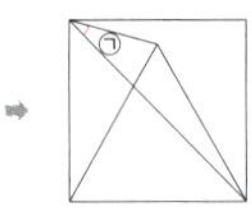 

❷ 왼쪽 수학 요정의 힌트를 보고, 번호 순서대로 □ 안에 알맞은 수를 써넣으시오.

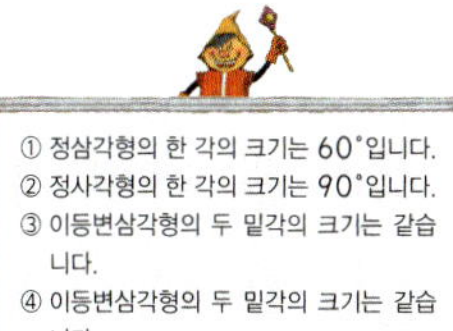

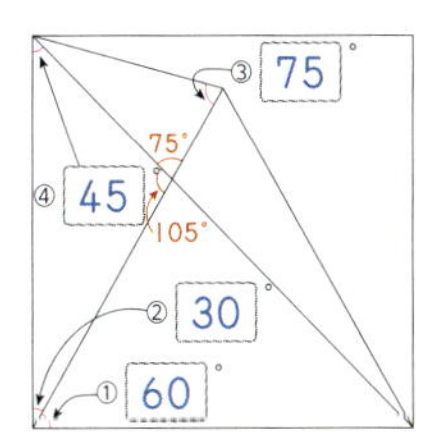

❸ 각 ㉠의 크기는 몇 도입니까? 30°
75°−45°=30°

[정사각형과 이등변삼각형]

1 정사각형 위에 색칠한 이등변삼각형을 붙여 그린 후 꼭짓점끼리 선으로 이었습니다. 번호 순서대로 □ 안에 알맞은 수를 써넣으시오.

180°−50°−90°=40°
40°÷2=20

180°−65°−65°
=50°

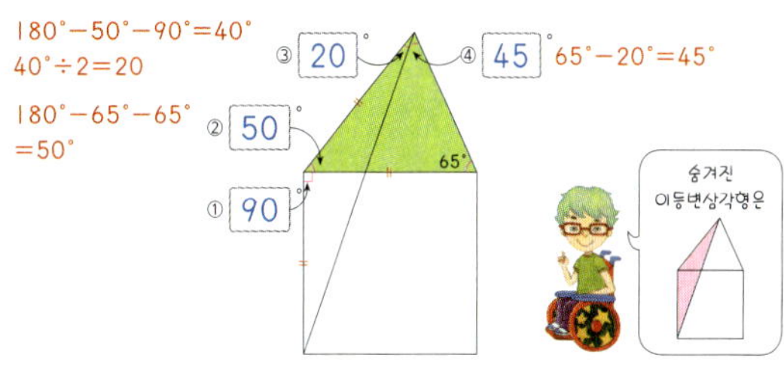

[정사각형 안의 정삼각형]

2 정사각형 안에 정삼각형을 붙여 그린 후 꼭짓점끼리 선으로 이었습니다. □ 안에 알맞은 수를 써넣으시오.

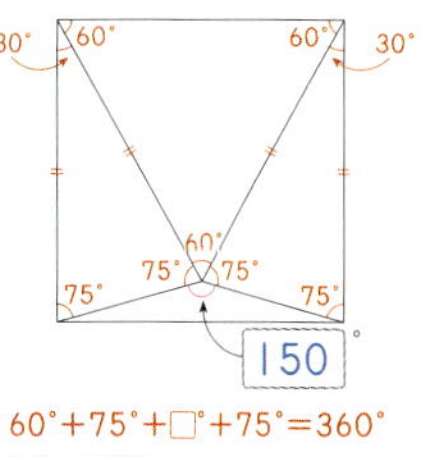

60°+75°+□˚+75°=360°
□˚=150°

---

4 D3 평면도형

3 정삼각형의 반쪽

초이와 지오가 정삼각형과 정사각형 모양의 색종이를 반으로 자릅니다.

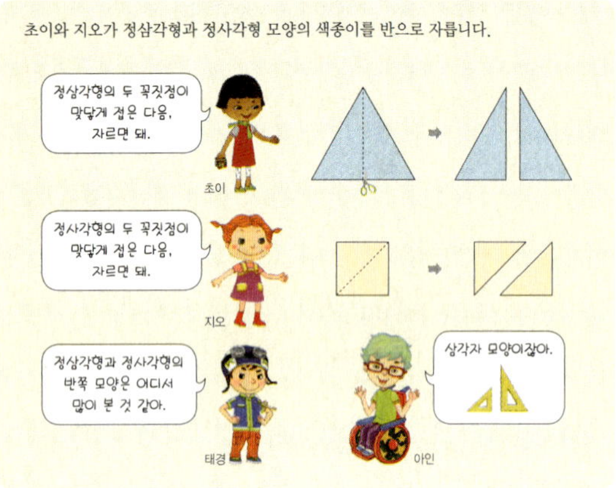

다음은 정삼각형과 정사각형을 반으로 자른 모양입니다. ☐ 안에 알맞은 수를 써넣으시오.

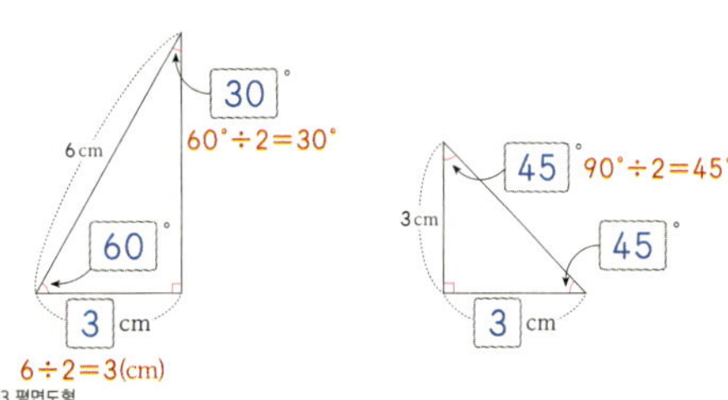

삼각자 2개를 여러 가지 방법으로 붙였습니다. ☐ 안에 알맞은 수를 써넣으시오.

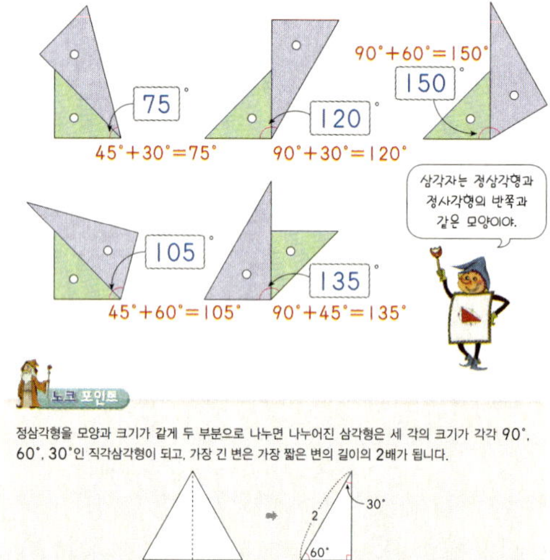

개념 포인트

정삼각형을 모양과 크기가 같게 두 부분으로 나누면 나누어진 삼각형은 세 각의 크기가 각각 90°, 60°, 30°인 직각삼각형이 되고, 가장 긴 변은 가장 짧은 변의 길이의 2배가 됩니다.

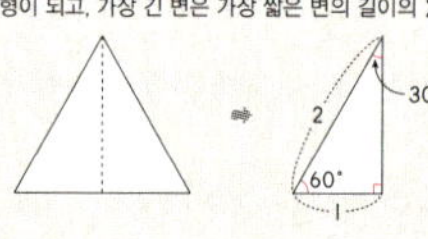

정사각형을 똑같은 삼각형 두 개로 나누면 나누어진 삼각형은 세 각의 크기가 각각 90°, 45°, 45°인 직각삼각형이 되고, 동시에 두 변의 길이가 같은 이등변삼각형이 됩니다.

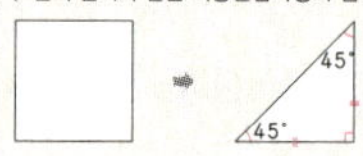

 삼각자

삼각자 2개를 겹쳐서 놓았습니다. 각 ㉠의 크기를 알아봅시다.

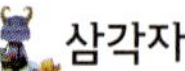

❶ 삼각자는 정삼각형과 정사각형의 반쪽 모양과 같습니다. 삼각자의 각의 크기를 구하시오.

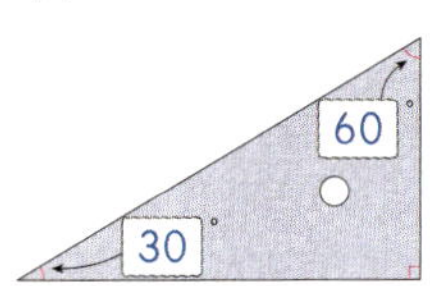

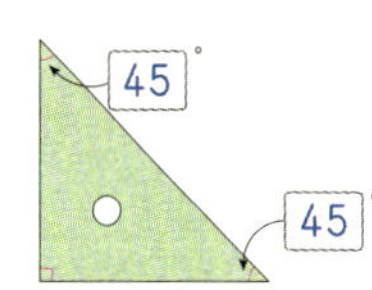

❷ 겹쳐서 놓은 삼각자입니다. ☐ 안에 알맞은 수를 써넣으시오.

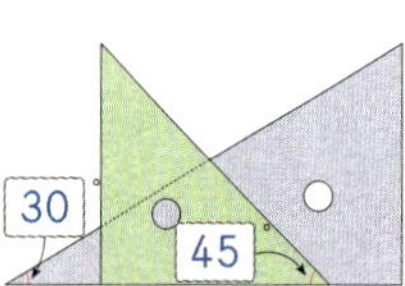

❸ 분홍색 삼각형의 세 각의 크기의 합은 180° 입니다. ☐ 안에 알맞은 수를 써넣으시오. 각 ㉠의 크기는 몇 도입니까? 75°

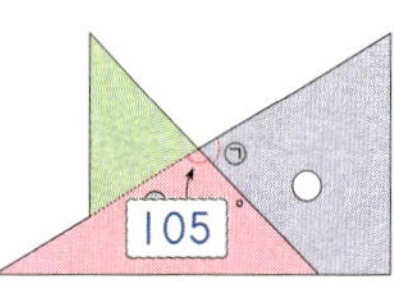

[삼각자 본 뜨기]

1 다음은 삼각자 2개를 겹쳐서 놓은 것을 본 떠 그린 것입니다. ☐ 안에 알맞은 수를 써넣으시오.

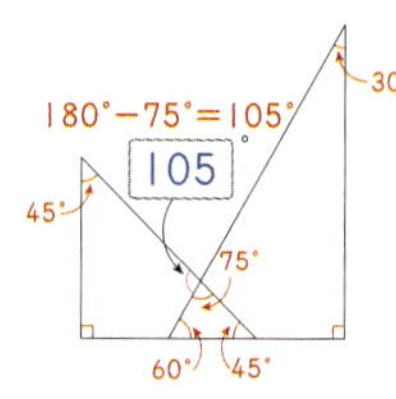

[겹쳐진 삼각자]

2 다음과 같이 삼각자 2개를 겹쳤습니다. ☐ 안에 알맞은 수를 써넣으시오.

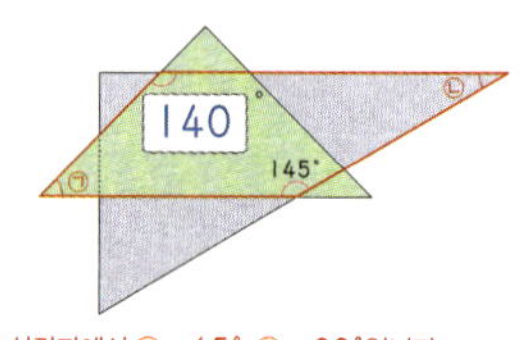

두 삼각자에서 ㉠=45°, ㉡=30°입니다.
사각형의 네 각의 크기의 합은 360°이므로
☐°+㉠+145°+㉡=360°, ☐°=140°입니다.

정답 및 해설　**5**

반쪽짜리 정삼각형

원의 중심이 점 ㅇ이고, 반지름이 6 cm인 원에 삼각형을 그렸습니다. 선분 ㄴㄷ의 길이를 알아봅시다.

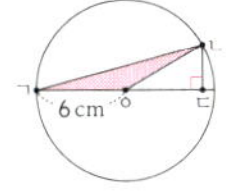

❶ 색칠한 삼각형은 이등변삼각형입니다. 아래의 설명을 보고, 번호 순서대로 ☐ 안에 알맞은 수를 써넣으시오.

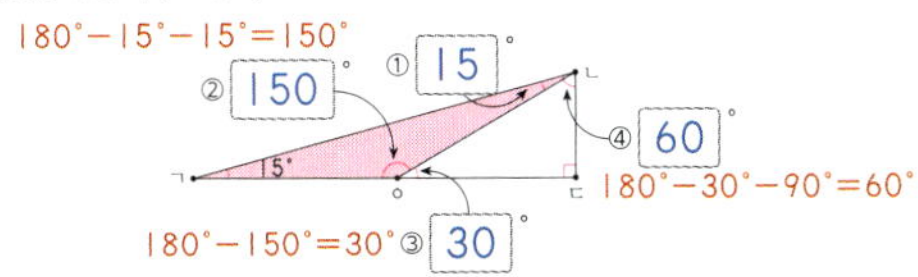

① 이등변삼각형의 두 밑각의 크기는 같습니다.
② 삼각형의 세 각의 크기의 합은 180°입니다.
③ 일직선을 이루는 각의 크기의 합은 180°입니다.
④ 삼각형의 세 각의 크기의 합은 180°입니다.

❷ 다음 색칠한 삼각형은 정삼각형의 반쪽과 같습니다. ☐ 안에 알맞은 수를 써넣으시오. 선분 ㄴㄷ의 길이는 몇 cm입니까? **3 cm**

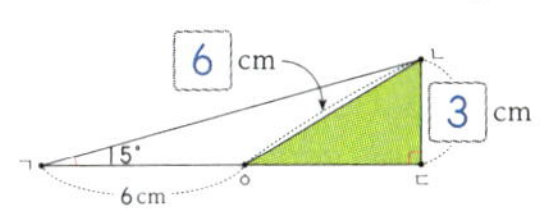

[원에 맞닿은 정삼각형의 반쪽]

1 점 ㅇ은 원의 중심입니다. ☐ 안에 알맞은 수를 써넣으시오.

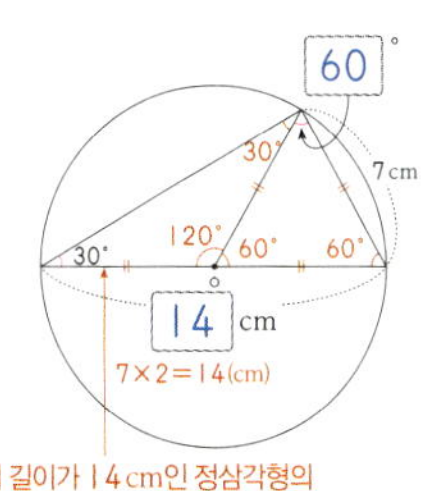

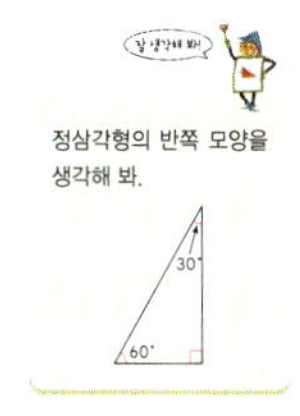

[원에 맞닿은 정삼각형]

2 반지름이 22 cm인 원의 둘레에 꼭짓점이 닿도록 정삼각형을 그렸습니다. 점 ㅇ이 원의 중심이라고 할 때 ☐ 안에 알맞은 수를 써넣으시오.

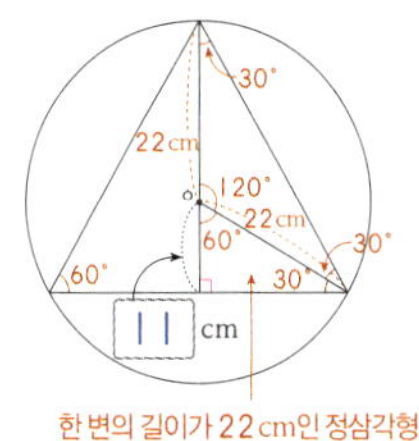

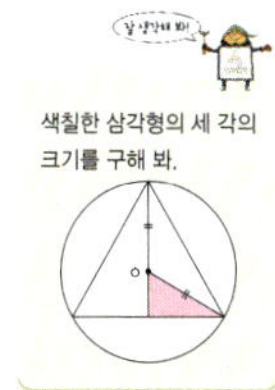

창의적 문제해결력

1 이등변삼각형 2개를 겹쳐 그렸습니다. 색칠한 부분의 둘레는 몇 cm입니까? **34 cm**

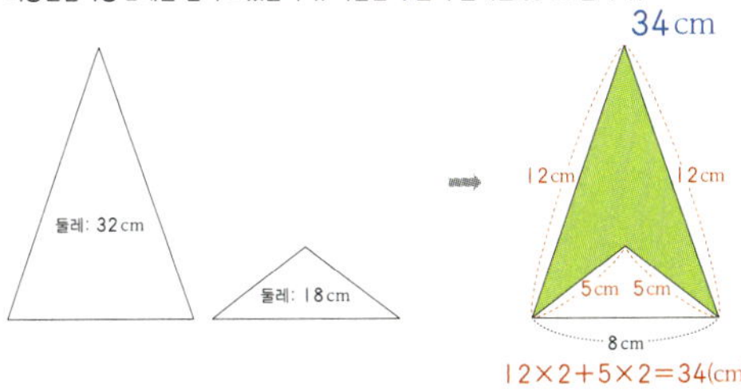

2 한 각이 직각인 이등변삼각형 안에 정사각형을 그렸습니다. ☐ 안에 알맞은 수를 써넣으시오.

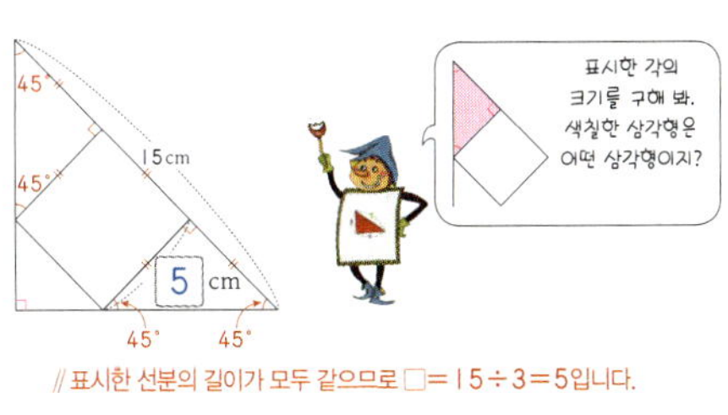

// 표시한 선분의 길이가 모두 같으므로 ☐=15÷3=5입니다.

3 다음 그림에서 ☐ 안에 알맞은 수를 써넣으시오.

📹 **동영상 특강**
QR 코드를 찍어 보세요!

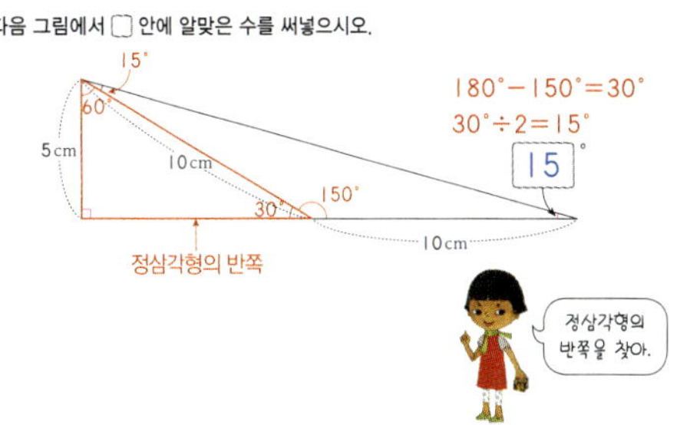

4 정사각형 안에 정삼각형 2개를 겹쳐 그린 후 꼭짓점을 이었습니다. ☐ 안에 알맞은 수를 써넣으시오.

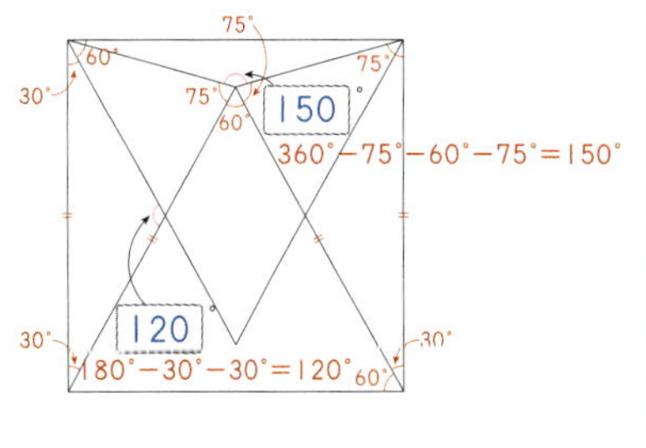

삼각형과 각의 개수

4 삼각형의 개수와 가짓수

대마왕이 마법을 전수할 부하 요괴를 찾고 있습니다.

부하 요괴 중 거꾸로 요괴, 잘난척 요괴, 장난 요괴가 대마왕이 낸 문제에 도전합니다.

꼬마 요괴들이 정삼각형 2개를 그린 모양입니다. 크고 작은 정삼각형은 모두 몇 개입니까?

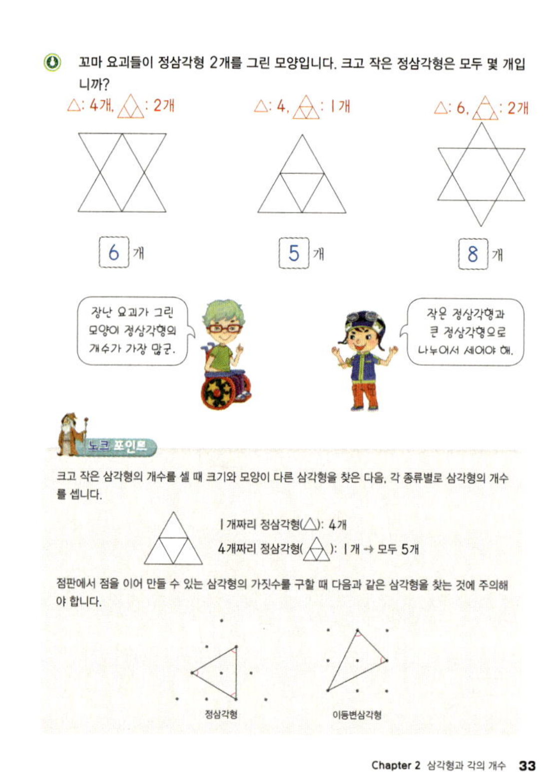

개념 포인트

크고 작은 삼각형의 개수를 셀 때 크기와 모양이 다른 삼각형을 찾은 다음, 각 종류별로 삼각형의 개수를 셉니다.

1개짜리 정삼각형(△): 4개
4개짜리 정삼각형(△): 1개 → 모두 5개

점판에서 점을 이어 만들 수 있는 삼각형의 가짓수를 구할 때 다음과 같은 삼각형을 찾는 것에 주의해야 합니다.

정삼각형   이등변삼각형

크고 작은 삼각형의 개수

작은 정삼각형을 붙여 만든 도형입니다. 다음 도형에서 선을 따라 그릴 수 있는 크고 작은 정삼각형의 개수를 알아봅시다.

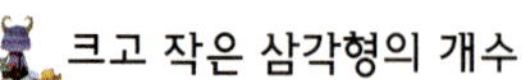

❶ 여러 가지 크기의 △ 모양의 정삼각형입니다. 각각의 개수를 세어 알맞은 수를 □ 안에 써넣으시오.

| 10 개 | 6 개 | 3 개 | 1 개 |

❷ 도형에서 찾을 수 있는 ▽ 모양의 정삼각형을 그리고, 각각의 개수를 구하시오.

 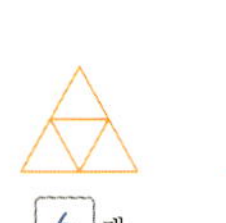

| 6 개 | 1 개 |

❸ 크고 작은 정삼각형은 모두 몇 개입니까? 27개
10+6+3+1+6+1=27(개)

[정삼각형의 개수]

1 크기가 같은 정삼각형 12개를 붙여서 다음과 같은 모양을 만들었습니다. 이 모양에서 찾을 수 있는 크고 작은 정삼각형은 모두 몇 개입니까? 20개

  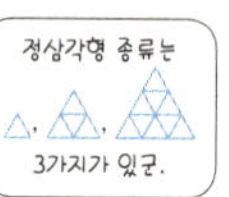

[이등변삼각형의 개수]

2 다음은 작은 정사각형 4개를 붙인 후 마주 보는 꼭짓점을 이은 것입니다. 이 모양에서 찾을 수 있는 크고 작은 이등변삼각형은 모두 몇 개입니까? 16개

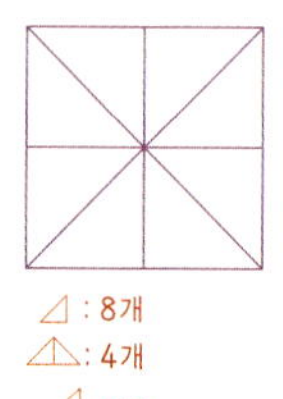 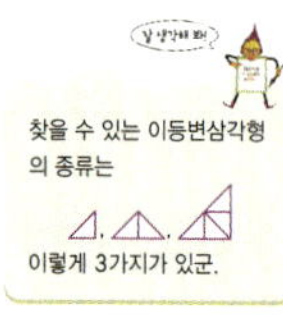

정답 및 해설 **7**

점을 이어 만든 삼각형의 가짓수

일정한 간격으로 9개의 점이 찍혀 있습니다. 점을 이어 만들 수 있는 모양 또는 크기가 다른 이등변삼각형은 모두 몇 가지인지 알아봅시다.

❶ 두 점을 이어서 길이가 다른 선분 5가지를 그려 보시오.

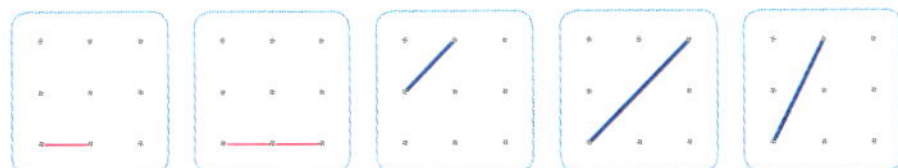

❷ ❶에서 구한 선분을 길이가 다른 변으로 하는 서로 다른 이등변삼각형을 그려 보시오.
(단, 그릴 수 없는 것은 ×표 합니다.)

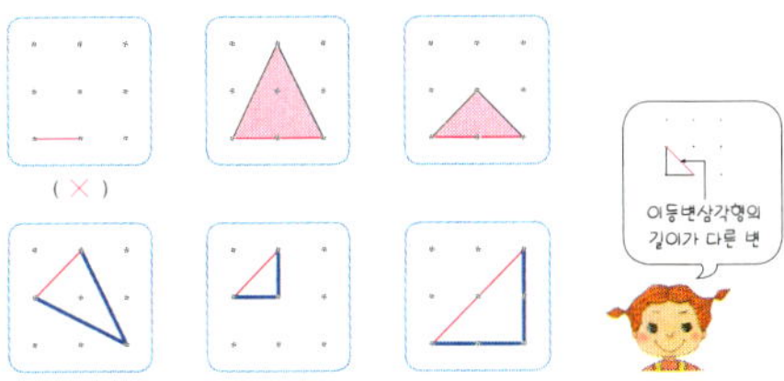

❸ 모양 또는 크기가 다른 이등변삼각형은 모두 몇 가지입니까? 5가지

---

1 [점을 이어 정삼각형 그리기]
점을 이어 만들 수 있는 서로 다른 정삼각형을 4가지 그려 보시오.

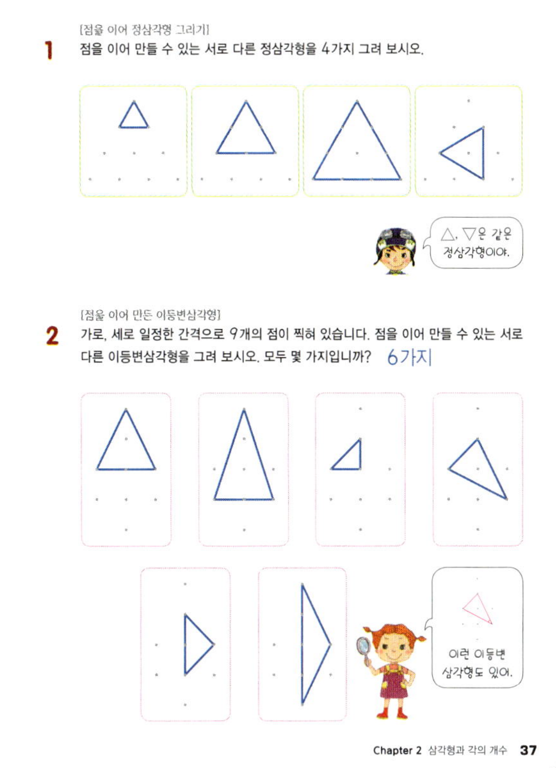

2 [점을 이어 만든 이등변삼각형]
가로, 세로 일정한 간격으로 9개의 점이 찍혀 있습니다. 점을 이어 만들 수 있는 서로 다른 이등변삼각형을 그려 보시오. 모두 몇 가지입니까? 6가지

---

⑤ 예각과 둔각

꼬마 요괴 셋이 각의 크기가 커지게 하는 마법을 부리고 있습니다.

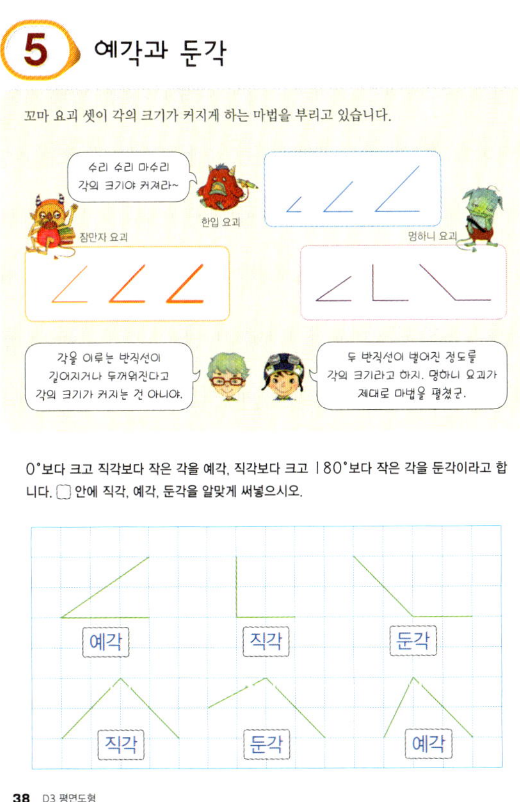

0°보다 크고 직각보다 작은 각을 예각, 직각보다 크고 180°보다 작은 각을 둔각이라고 합니다. □ 안에 직각, 예각, 둔각을 알맞게 써넣으시오.

예각	직각	둔각
직각	둔각	예각

시계의 긴바늘과 짧은바늘이 이루는 각을 보고 □ 안에 직각, 예각, 둔각을 써넣으시오.

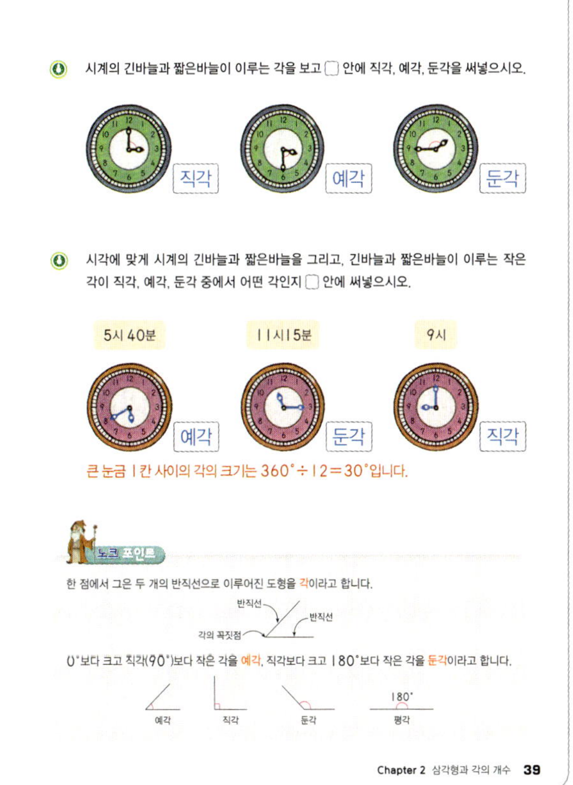

시각에 맞게 시계의 긴바늘과 짧은바늘을 그리고, 긴바늘과 짧은바늘이 이루는 작은 각이 직각, 예각, 둔각 중에서 어떤 각인지 □ 안에 써넣으시오.

5시 40분 — 예각
11시 15분 — 둔각
9시 — 직각

큰 눈금 1칸 사이의 각의 크기는 360°÷12=30°입니다.

포크 포인트

한 점에서 그은 두 개의 반직선으로 이루어진 도형을 각이라고 합니다.

0°보다 크고 직각(90°)보다 작은 각을 예각, 직각보다 크고 180°보다 작은 각을 둔각이라고 합니다.

8   D3 평면도형

각 겹치기

두 개의 각을 각의 꼭짓점이 겹치도록 그린 다음 겹쳐진 각에서 찾을 수 있는 예각, 직각, 둔각의 개수를 알아본 것입니다.

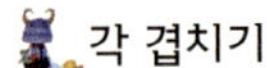

예각	3개
직각	2개
둔각	1개

다음과 같이 두 개의 각을 겹칠 때 생기는 예각, 직각, 둔각의 개수를 빈칸에 써넣으시오.

예각	6 개	①, ②, ③ ①+②, ②+③ ①+②+③
직각	0 개	
둔각	0 개	

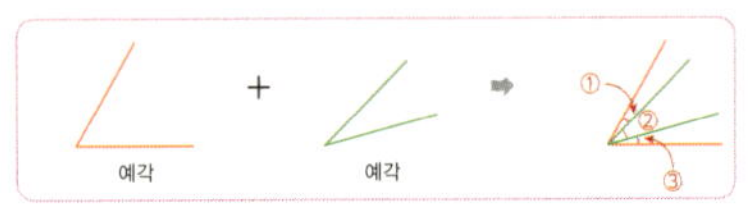

예각	2 개	①, ③
직각	1 개	②
둔각	3 개	①+②, ②+③ ①+②+③

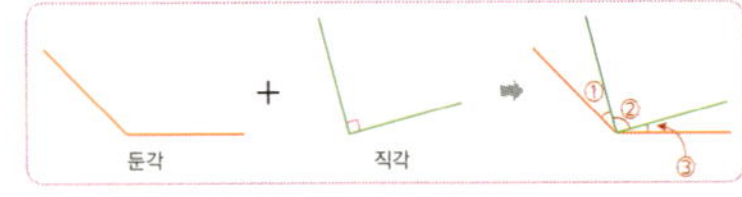

예각	3 개	①, ②, ③
직각	0 개	
둔각	3 개	①+②, ②+③ ①+②+③

[각의 개수 구하기]

1 다음 그림에서 찾을 수 있는 예각, 직각, 둔각의 개수를 각각 구하시오.

예각: 4개, 직각: 1개, 둔각: 1개

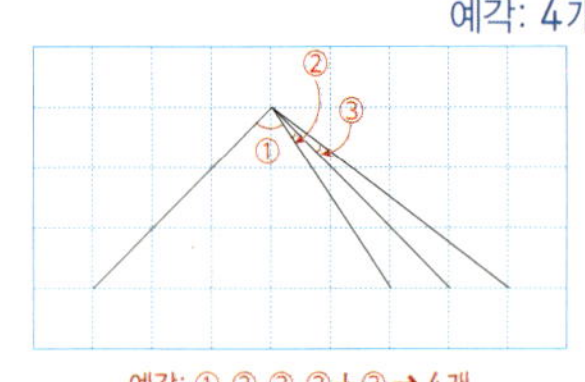

예각: ①, ②, ③, ②+③ → 4개
직각: ①+② → 1개
둔각: ①+②+③ → 1개

[예각과 둔각의 개수]

2 다음 그림에서 찾을 수 있는 예각과 둔각의 개수를 각각 구하시오.

예각: 4개, 둔각: 4개

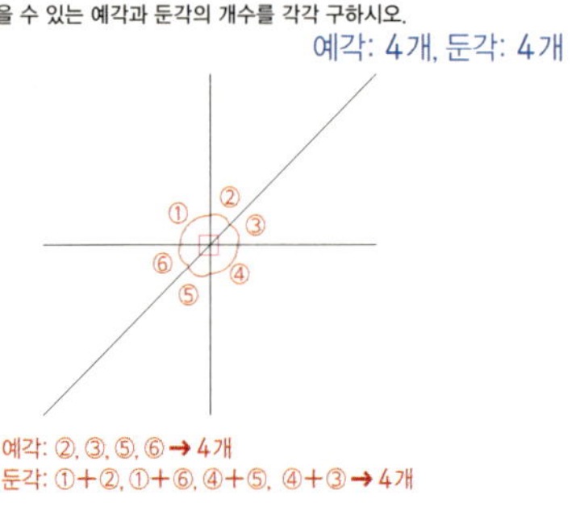

예각: ②, ③, ⑤, ⑥ → 4개
둔각: ①+②, ①+⑥, ④+⑤, ④+③ → 4개

직각, 예각, 둔각의 개수

일정한 간격으로 7개의 점이 찍혀 있습니다. 7개의 점 중 3개의 점을 이어 그릴 수 있는 직각의 개수를 알아봅시다.

❶ •로 표시된 점을 각의 꼭짓점으로 하여 직각을 그리고, 직각 표시(⌐)를 하시오.

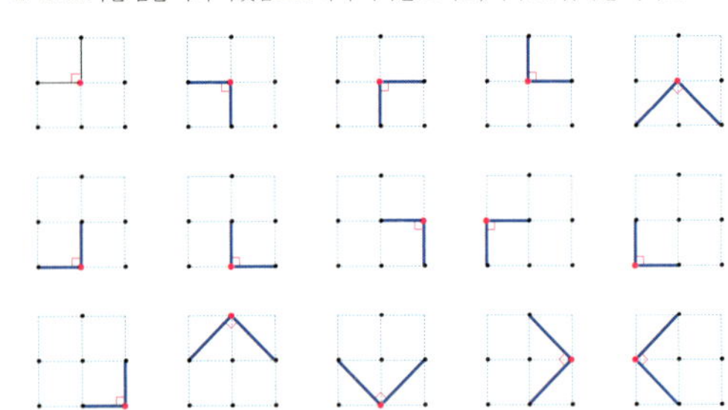

❷ 그릴 수 있는 직각은 모두 몇 개입니까? 15개

[예각 그리기]

1 •로 표시된 점을 각의 꼭짓점으로 하고 다른 2개의 점과 이어 만들 수 있는 예각을 모두 그려 보시오.

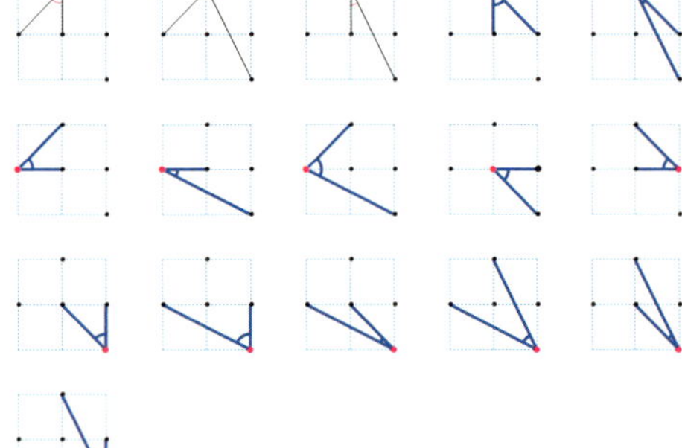

[둔각의 개수]

2 위의 모양에서 3개의 점을 이어 만들 수 있는 둔각은 모두 몇 개입니까? 3개

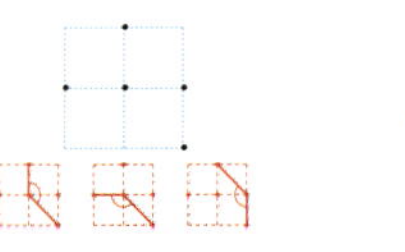

정답 및 해설 **9**

6 예각삼각형, 둔각삼각형

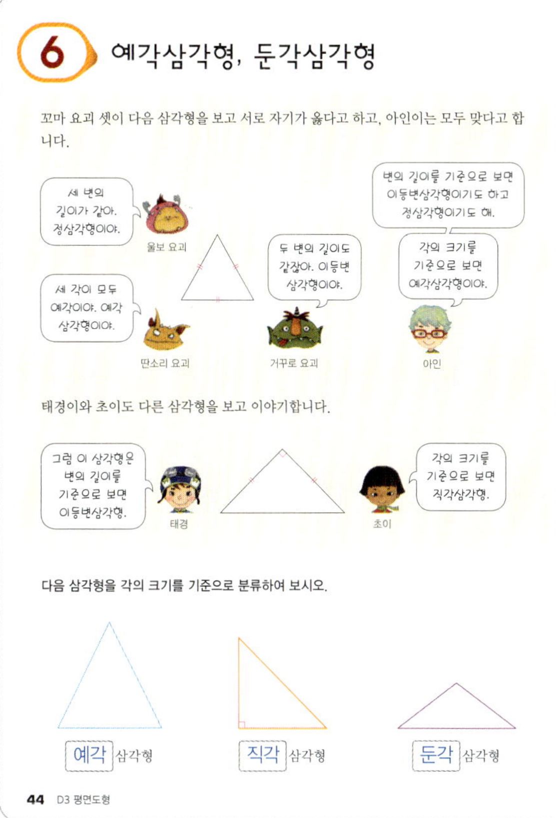

꼬마 요괴 셋이 다음 삼각형을 보고 서로 자기가 옳다고 하고, 아인이는 모두 맞다고 합니다.

태경이와 초이도 다른 삼각형을 보고 이야기합니다.

다음 삼각형을 각의 크기를 기준으로 분류하여 보시오.

예각 삼각형	직각 삼각형	둔각 삼각형

다음은 삼각형을 두 가지 기준으로 분류한 것입니다. 빈칸에 알맞은 말을 써넣으시오.

삼각형				
변의 길이 기준	정삼각형, 이등변삼각형	이등변삼각형	이등변삼각형	이등변삼각형
각의 크기 기준	예각삼각형	예각삼각형	직각삼각형	둔각삼각형

노크 포인트

세 각이 모두 예각인 삼각형을 예각삼각형이라고 합니다.
한 각이 직각인 삼각형은 직각삼각형, 한 각이 둔각인 삼각형은 둔각삼각형이라고 합니다.

세 변의 길이가 같은 정삼각형은 세 각의 크기가 모두 60°인 예각이므로 예각삼각형입니다.
정사각형의 절반인 삼각형은 두 변의 길이가 같은 이등변삼각형이고, 한 각이 90°인 직각삼각형입니다.

직각삼각형 찾기

다음 그림에서 선을 따라 그릴 수 있는 크고 작은 직각삼각형의 개수를 알아봅시다.

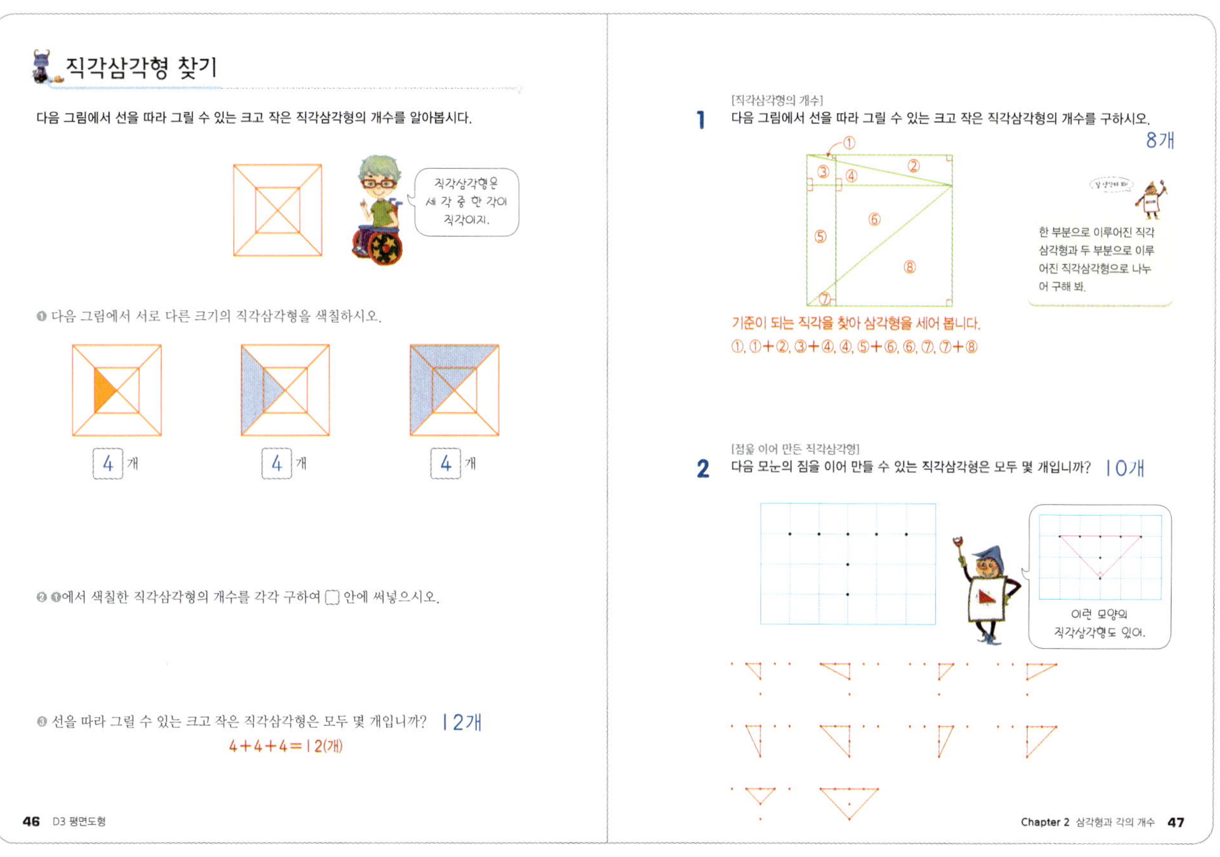

❶ 다음 그림에서 서로 다른 크기의 직각삼각형을 색칠하시오.

4 개	4 개	4 개

❷ ❶에서 색칠한 직각삼각형의 개수를 각각 구하여 ☐ 안에 써넣으시오.

❸ 선을 따라 그릴 수 있는 크고 작은 직각삼각형은 모두 몇 개입니까? 12개

4+4+4=12(개)

[직각삼각형의 개수]

1 다음 그림에서 선을 따라 그릴 수 있는 크고 작은 직각삼각형의 개수를 구하시오. 8개

기준이 되는 직각을 찾아 삼각형을 세어 봅니다.
①, ①+②, ③+④, ④, ⑤+⑥, ⑥, ⑦, ⑦+⑧

[점을 이어 만든 직각삼각형]

2 다음 모눈의 점을 이어 만들 수 있는 직각삼각형은 모두 몇 개입니까? 10개

48 · 49

🐷 삼각형의 개수

직각삼각형의 한 꼭짓점에서 선을 그어 선분 2개를 더 만들었습니다. 이 모양에서 찾을 수 있는 예각삼각형, 직각삼각형, 둔각삼각형의 개수를 알아봅시다.

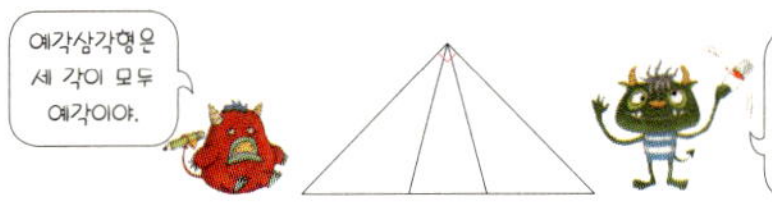

❶ 작은 삼각형 하나로 이루어진 삼각형을 색칠한 것입니다. 색칠한 삼각형의 종류를 쓰시오.

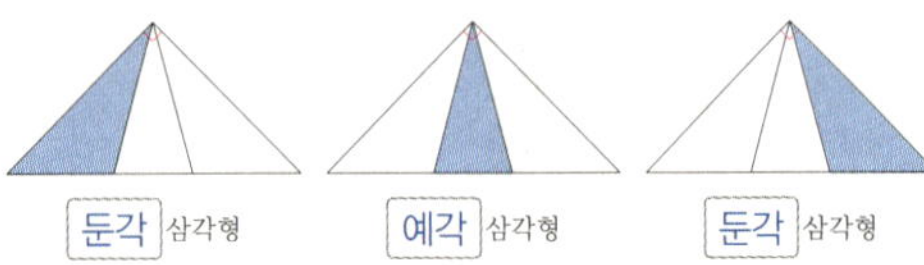

둔각 삼각형   예각 삼각형   둔각 삼각형

❷ 작은 삼각형 두 개 또는 세 개로 이루어진 삼각형을 색칠한 것입니다. 색칠한 삼각형의 종류를 쓰시오.

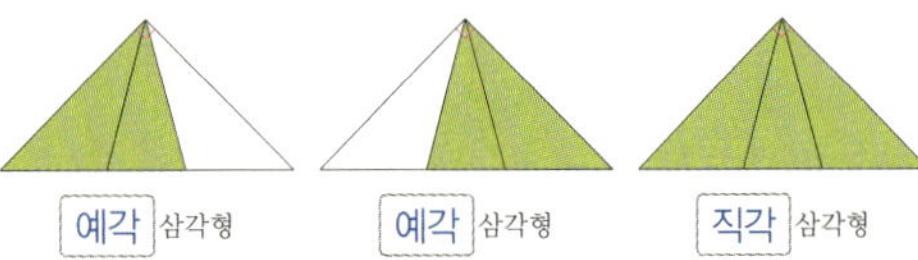

예각 삼각형   예각 삼각형   직각 삼각형

❸ 예각삼각형, 직각삼각형, 둔각삼각형은 각각 몇 개입니까?

예각삼각형: 3개, 직각삼각형: 1개, 둔각삼각형: 2개

[둔각삼각형의 개수]

1 다음 그림에서 선을 따라 그릴 수 있는 둔각삼각형은 몇 개입니까? 6개

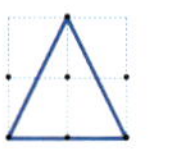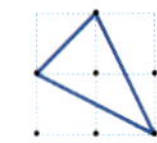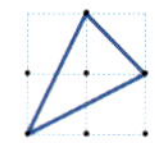

[예각삼각형 그리기]

2 다음 모눈의 점을 이어 만들 수 있는 예각삼각형을 모두 그려 보시오. 몇 개입니까? 3개

---

50 · 51

👧 창의적 문제해결력

1 원 위에 일정한 간격으로 5개의 점을 찍었습니다. 세 점을 이어 만들 수 있는 이등변삼각형을 모두 그려 보시오. 몇 개입니까? 10개

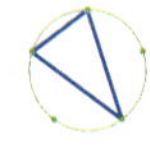

한 점을 각의 꼭짓점으로 하여 이등변삼각형을 그립니다.

2 7개의 점이 찍힌 모눈 위에 점을 이어 만들 수 있는 둔각을 모두 그려 보시오. 몇 개입니까? 8개

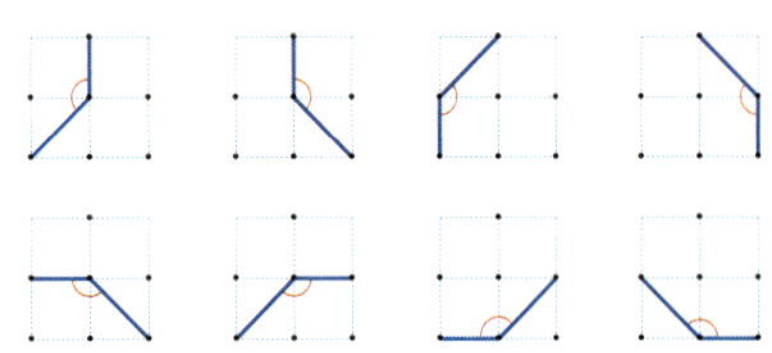

📍 동영상 특강
QR 코드를 찍어 보세요!

3 그림과 같이 삼각자를 2개 겹치면 15°를 만들 수 있습니다. 이와 같은 방법으로 두 삼각자를 붙이거나 겹쳐서 만들 있는 예각과 둔각은 각각 몇 씩입니까?

예각: 5개, 둔각: 4개

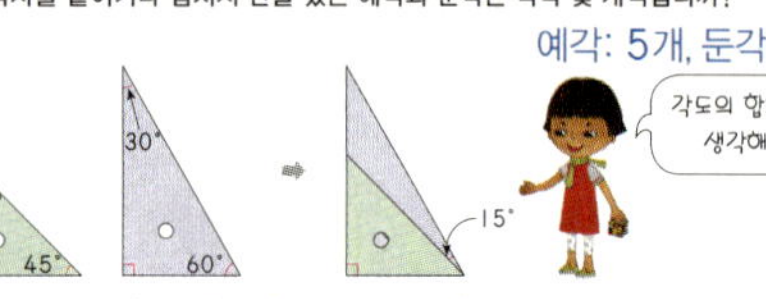

합: $45°+30°=75°$, $45°+60°=105°$, $45°+90°=135°$, $90°+30°=120°$, $90°+60°=150°$

차: $90°-30°=60°$, $90°-60°=30°$, $90°-45°=45°$, $60°-45°=15°$, $45°-30°=15°$

→ 예각: $30°$, $45°$, $60°$, $75°$, $15°$ 둔각: $105°$, $120°$, $135°$, $150°$

4 다음 그림에서 선을 따라 그릴 수 있는 예각삼각형, 직각삼각형, 둔각삼각형의 개수를 각각 구하시오.

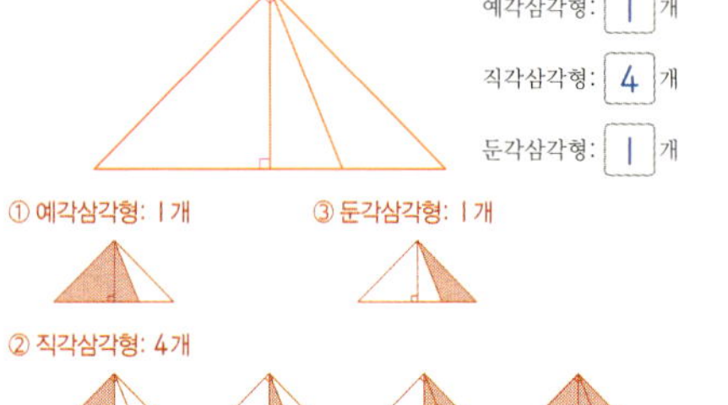

예각삼각형: 1 개

직각삼각형: 4 개

둔각삼각형: 1 개

① 예각삼각형: 1개   ③ 둔각삼각형: 1개

② 직각삼각형: 4개

정답 및 해설 **11**

평면도형

7 수직과 평행

고대 그리스의 수학자 유클리드는 '확실한 것이라고 생각되는 사실, 즉 당연하다고 생각되어 더 이상 논리적으로 밝힐 필요가 없는 사실을 공리라고 정했습니다.

탈레스   유클리드

지금으로부터 2300년 전 유클리드는 그 당시의 수학 지식을 모으고 체계화시켜 「원론」이라는 수학책을 만들었고, 현재까지도 그 책의 많은 내용을 학생들이 공부하고 있습니다.

다음은 「원론」에 쓰여진 유클리드의 5가지 공리입니다.

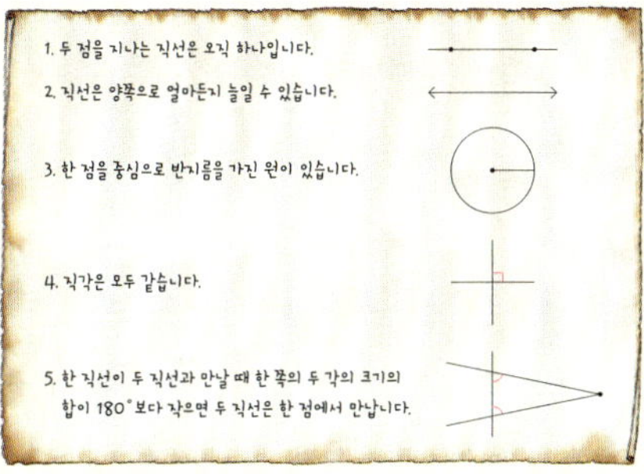

직선 가와 직선 나는 아무리 늘려도 서로 만나지 않는다고 합니다. ☐ 안에 알맞은 수를 써넣으시오.

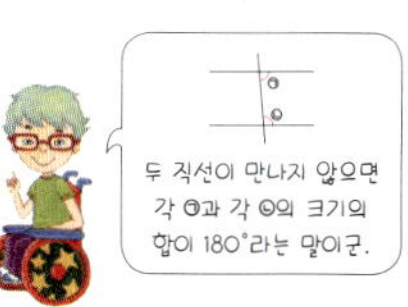

노크 포인트

두 직선이 만나서 이루는 각이 직각일 때, 두 직선을 서로 수직이라고 합니다.
두 직선이 서로 수직으로 만날 때, 한 직선을 다른 직선에 대한 수선이라고 합니다.

한 직선에 수직인 두 직선을 그었을 때, 그 두 직선은 서로 만나지 않습니다.
이와 같이 서로 만나지 않는 두 직선을 평행하다고 합니다. 이때 평행한 두 직선을 평행선이라고 합니다.

⚔ 평행선

다음 모양에서 찾을 수 있는 평행선은 모두 몇 쌍인지 알아봅시다.

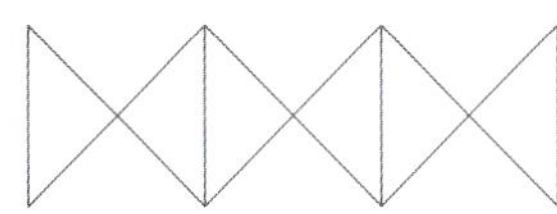

❶ 평행한 선분은 3가지 있습니다. 평행한 선분을 각각 그려 보시오.

①    ② 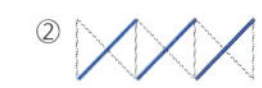   ③ 

❷ ❶에서 그린 각각의 경우 평행한 선분은 각각 몇 쌍이 있는지 구하시오.

① : 6쌍

② : 3 쌍

③ : 3 쌍

❸ 찾을 수 있는 평행선은 모두 몇 쌍입니까? 12쌍

[평행선 그리기]

1 점 종이에 주어진 직선과 평행한 직선을 모두 그어 보시오.

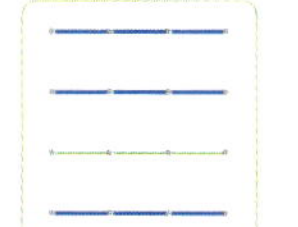 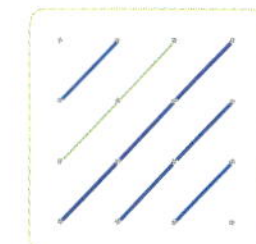 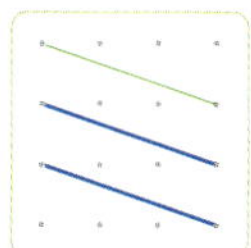

[평행선 찾기]

2 평행선을 모두 찾아 ☐ 안에 알맞은 기호를 써넣으시오.

직선 가와 직선 나

직선 가와 직선 다

직선 나와 직선 다

직선 라와 직선 바

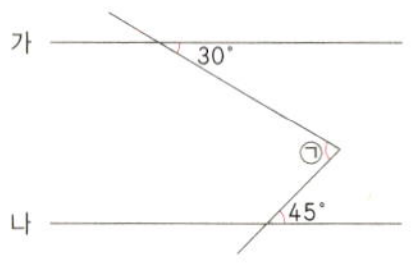

수선 긋기

직선 가와 직선 나는 평행합니다. 각 ㉠의 크기를 알아봅시다.

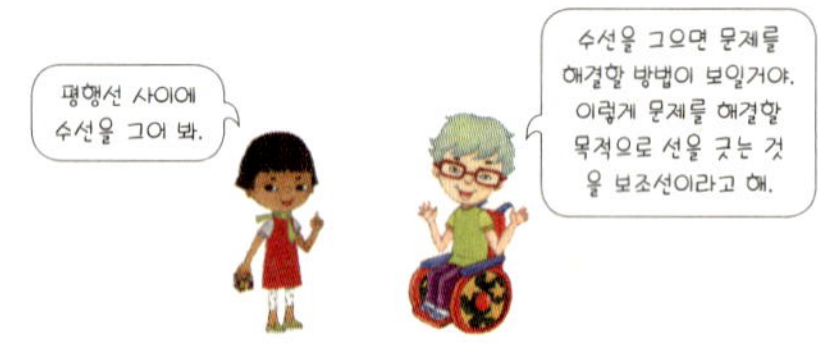

❶ 두 가지 방법으로 수선을 그었습니다. ☐ 안에 알맞은 수를 써넣으시오.

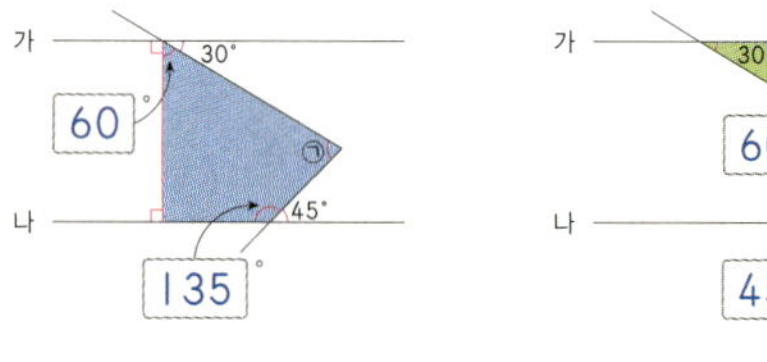

❷ 각 ㉠의 크기를 구하시오. **75°**

$$\text{각 ㉠} \begin{cases} 360°-60°-90°-135°=75° \\ 180°-60°-45°=75° \end{cases}$$

[평행선 사이의 꺾인 각]

1 직선 가와 나가 평행합니다. ☐ 안에 알맞은 수를 써넣으시오.

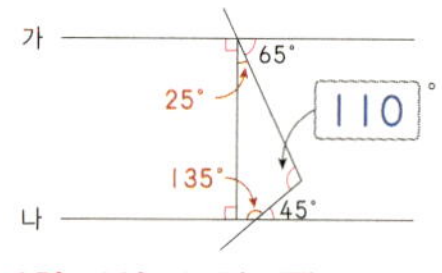

$$25°+90°+135°+\boxed{}°=360°$$

[보조선]

2 직선 가와 나가 평행합니다. ☐ 안에 알맞은 수를 써넣으시오.

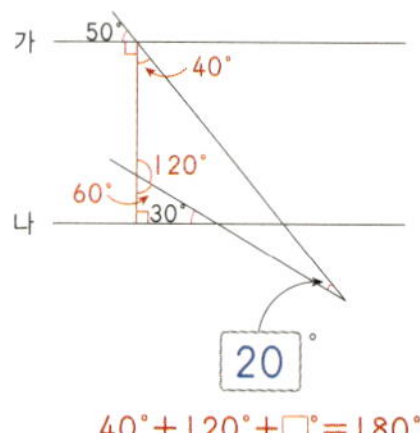

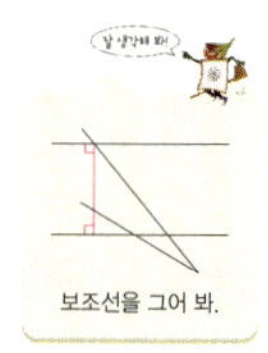

$$40°+120°+\boxed{}°=180°$$

---

8 여러 가지 사각형

정삼각형 5개와 정사각형 3개를 붙여 도형을 만들었습니다. 초이, 지오, 태경이는 이 도형에서 정사각형, 직사각형, 마름모를 찾았습니다.

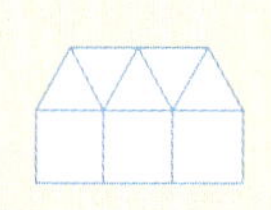

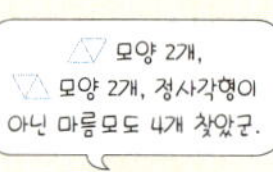

마름모와 직사각형이 아닌 평행사변형을 찾아 색칠하시오. 몇 개 있습니까? **2개**

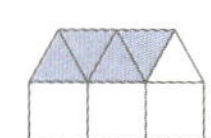
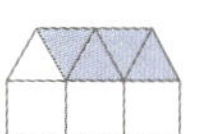

평행사변형이 아닌 사다리꼴을 찾아 색칠하시오. 몇 개 있습니까? **4개**

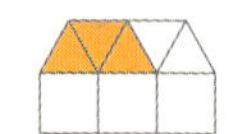
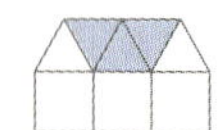
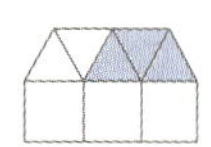
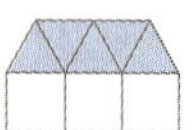

사각형의 종류에 맞게 기호를 쓰시오.

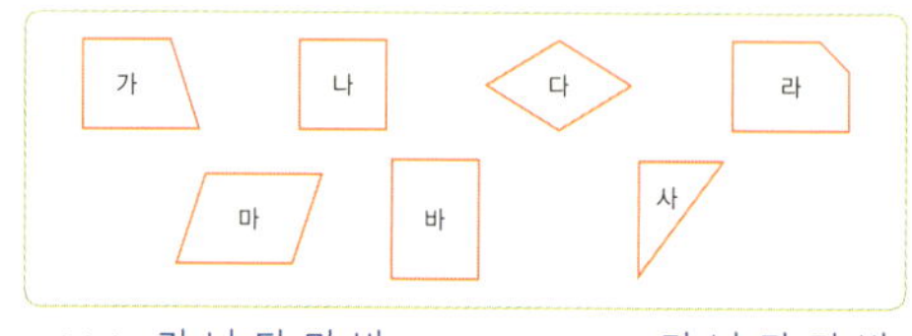

- 사각형: **가, 나, 다, 마, 바**
- 사다리꼴: **가, 나, 다, 마, 바**
- 평행사변형: **나, 다, 마, 바**
- 마름모: **나, 다**
- 정사각형: **나**

노크 포인트

사각형의 종류

사다리꼴: 마주 보는 한 쌍의 변이 서로 평행한 사각형

평행사변형: 마주 보는 두 쌍의 변이 서로 평행한 사각형

마름모: 네 변의 길이가 모두 같은 사각형

직사각형: 네 각이 모두 직각인 사각형

정사각형: 네 각이 모두 직각이고 네 변의 길이가 모두 같은 사각형

오른쪽 그림은 사각형 사이의 포함 관계를 나타낸 것입니다.

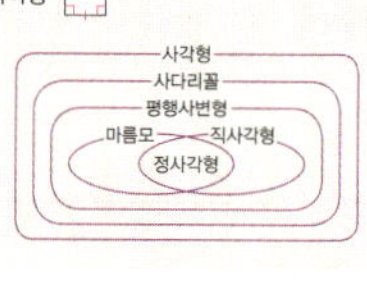

칠교와 사각형

다음은 지혜의 놀이판이라 불리는 칠교 조각입니다. 이 조각을 이용하여 여러 가지 사각형을 만들어 봅시다.

❶ 정사각형과 정사각형이 아닌 평행사변형 조각을 찾아 그 기호를 각각 쓰시오.

정사각형: ㅁ, 정사각형이 아닌 평행사변형: ㄹ

❷ 정사각형이 아닌 직사각형을 ㄷ, ㅁ, ㅂ 세 조각을 사용하여 만들어 보시오.

❸ ㄹ, ㅁ, ㅂ 세 조각을 사용하여 평행사변형이 아닌 사다리꼴을 만들어 보시오.

❹ 일곱 조각을 모두 사용하여 정사각형이 아닌 평행사변형을 만들어 보시오.

예

ㅂ과 ㄷ 두 조각을 사용하여 정사각형이 아닌 평행사변형을 만들 수 있어.

[칠교판에서 찾을 수 있는 사각형]

1 다음은 정사각형 모양의 색종이에 칠교를 그린 것입니다. 선을 따라 그릴 수 있는 정사각형과 사다리꼴의 개수를 각각 구하시오. **정사각형: 2개, 사다리꼴: 9개**

① 정사각형

② 사다리꼴

[사다리꼴 만들기]

2 칠교판 7조각을 모두 사용하여 오른쪽 모양의 사다리꼴을 만들어 보시오. (단, 윤곽선을 그린 후 사용한 조각의 기호를 씁니다.)

예

점 종이와 여러 가지 사각형

9개의 점이 일정한 간격으로 놓여 있습니다. 이 점을 이어서 만들 수 있는 여러 가지 사각형을 알아봅시다.

❶ 크기가 다른 정사각형 3가지를 그려 보시오.

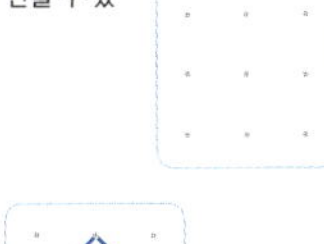

❷ 정사각형이 아닌 직사각형을 그려 보시오.

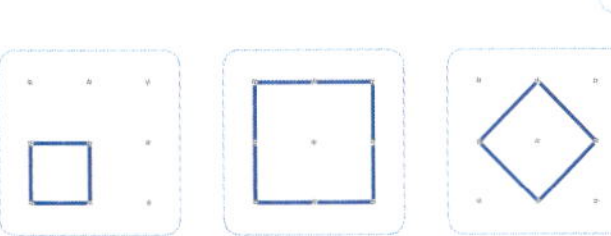

모두 같은 모양이야.

❸ 직사각형이 아닌 평행사변형 2가지를 그려 보시오.

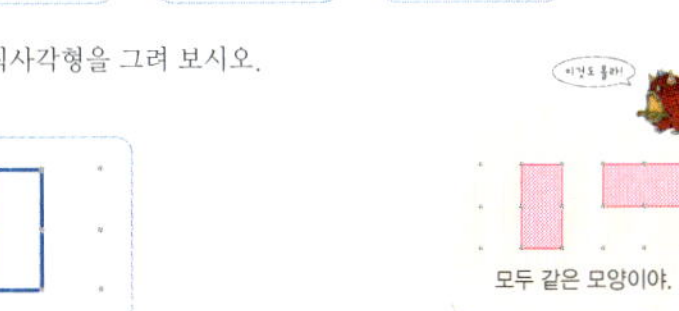

❹ 평행사변형이 아닌 사다리꼴 3가지를 그려 보시오.

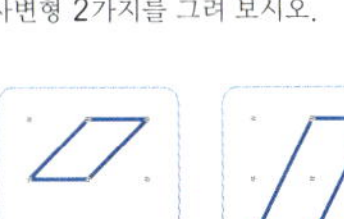
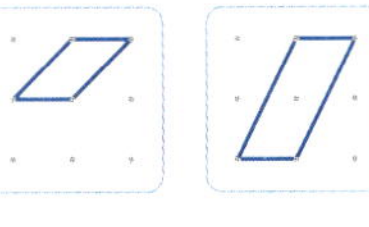

모두 같은 모양의 사다리꼴이야.

[사각형의 포함 관계]

1 다음 ☐ 안에 알맞은 도형의 이름을 써넣으시오.

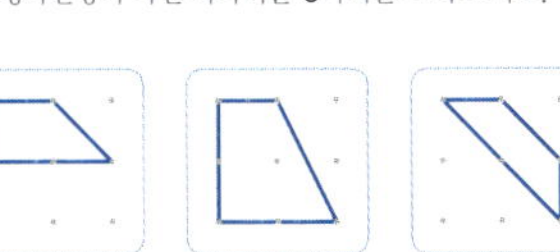
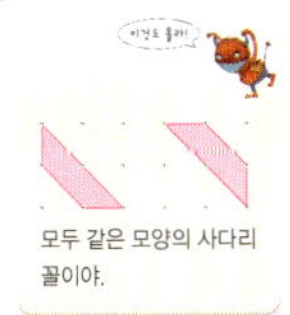

[점 종이에 사각형 그리기]

2 다음 그림과 같이 10개의 점이 일정한 간격으로 놓여 있습니다. 이 점을 이어서 주어진 사각형을 만들 수 있는 것에 ○표 하고, 그 예를 그려 보시오.

예
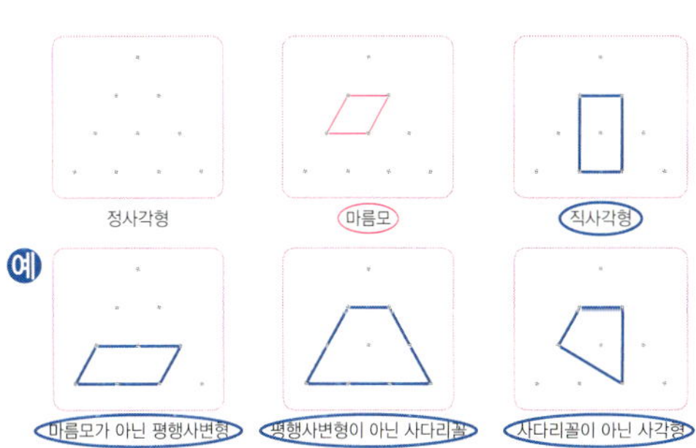

이 외에도 여러 가지 답이 있습니다.

14 D3 평면도형

9 사각형의 개수

잘난척 요괴와 산만해 요괴, 한입 요괴가 다음 도형에서 사각형의 개수를 구합니다.

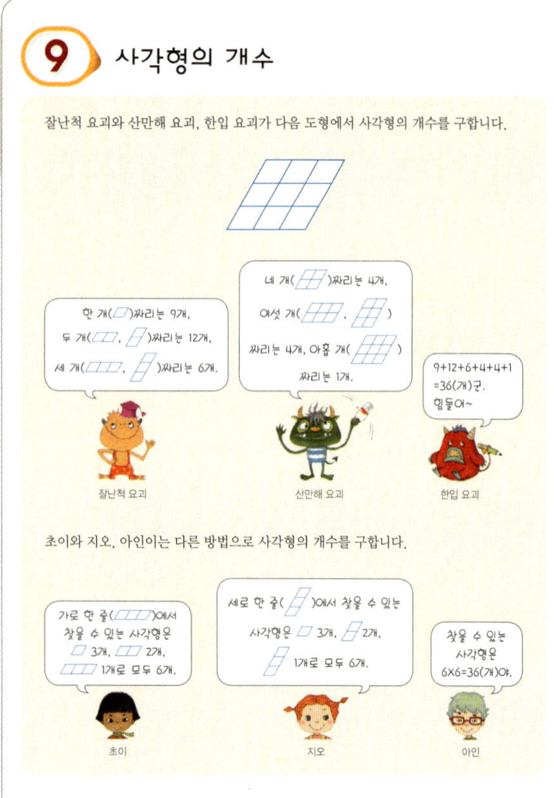

초이와 지오, 아인이는 다른 방법으로 사각형의 개수를 구합니다.

가로로 놓인 선이 모두 평행합니다. 다음 도형에서 찾을 수 있는 크고 작은 사다리꼴의 개수를 구해 보시오. 60개

찾을 수 있는 사각형은 모두 사다리꼴이야.

가로 한 줄에서 찾을 수 있는 사각형은 4+3+2+1=10(개)야.

세로 한 줄에서 찾을 수 있는 사각형의 개수를 생각해 봐.

가로 한 줄에서 찾을 수 있는 사각형은 $4+3+2+1=10$(개)이고, 세로 한 줄에서 찾을 수 있는 사각형은 $3+2+1=6$(개)입니다.
따라서 $10×6=60$(개)입니다.

노크 포인트

크고 작은 사각형의 개수를 셀 때 크기와 모양이 다른 사각형의 종류를 찾은 다음, 종류별로 찾을 수 있는 사각형의 개수를 세어 합을 구합니다.

바둑판 모양의 도형에서 크고 작은 사각형의 개수는
① 가로 한 줄에서 찾을 수 있는 사각형의 개수
$5+4+3+2+1=15$(개)
② 세로 한 줄에서 찾을 수 있는 사각형의 개수
$3+2+1=6$(개)
→ ①×②=$15×6=90$(개)

빗금이 있는 사각형의 개수

다음 그림에서 찾을 수 있는 사각형은 모두 몇 개인지 알아봅시다.

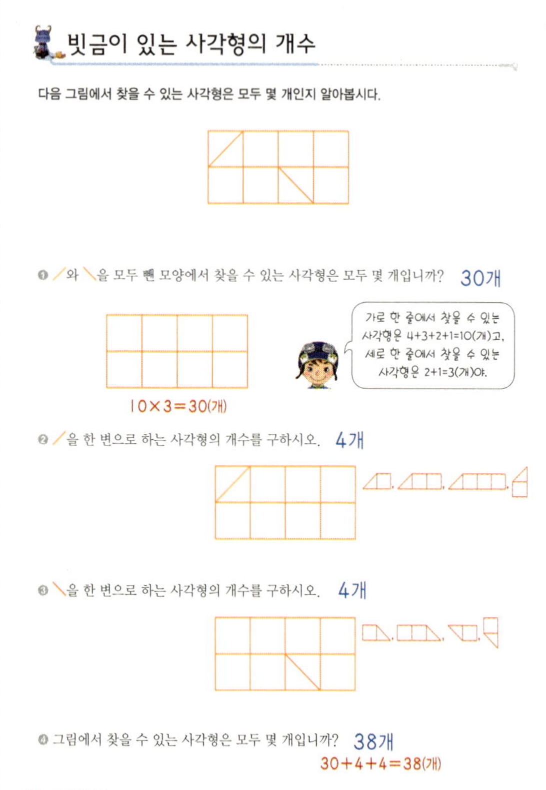

❶ ╱와 ╲을 모두 뺀 모양에서 찾을 수 있는 사각형은 모두 몇 개입니까? 30개

$10×3=30$(개)

❷ ╱을 한 변으로 하는 사각형의 개수를 구하시오. 4개

❸ ╲을 한 변으로 하는 사각형의 개수를 구하시오. 4개

❹ 그림에서 찾을 수 있는 사각형은 모두 몇 개입니까? 38개
$30+4+4=38$(개)

[빗금이 1개 있는 사각형의 개수]

1 다음 그림에서 찾을 수 있는 크고 작은 사각형은 모두 몇 개입니까? 40개

╲을 한 변으로 하는 사각형은

① 빗금을 뺀 모양에서 찾을 수 있는 사각형의 개수
• 가로 한 줄에 있는 사각형의 개수: $3+2+1=6$(개)
• 세로 한 줄에 있는 사각형의 개수: $3+2+1=6$(개) → $6×6=36$(개)
② 빗금을 한 변으로 하는 사각형의 개수 → 4개
따라서 사각형은 모두 $36+4=40$(개) 입니다.

[빗금이 2개 있는 사각형의 개수]

2 다음 그림에서 찾을 수 있는 크고 작은 사각형은 모두 몇 개입니까? 38개

① 빗금을 뺀 모양에서 찾을 수 있는 사각형의 개수
• 가로 한 줄에 있는 사각형의 개수 $4+3+2+1=10$(개)
• 세로 한 줄에 있는 사각형의 개수 $2+1=3$(개) → $10×3=30$(개)
② 빗금을 한 변으로 하는 사각형의 개수
• 위의 빗금을 한 변으로 하는 사각형의 개수: 4개
• 아래의 빗금을 한 변으로 하는 사각형의 개수: 4개 → 8개
따라서 사각형은 모두 $30+8=38$(개) 입니다.

여러 가지 사각형의 개수

정삼각형 8개를 붙여 만든 모양입니다. 이 모양에서 찾을 수 있는 마름모, 평행사변형, 사다리꼴의 개수를 알아봅시다.

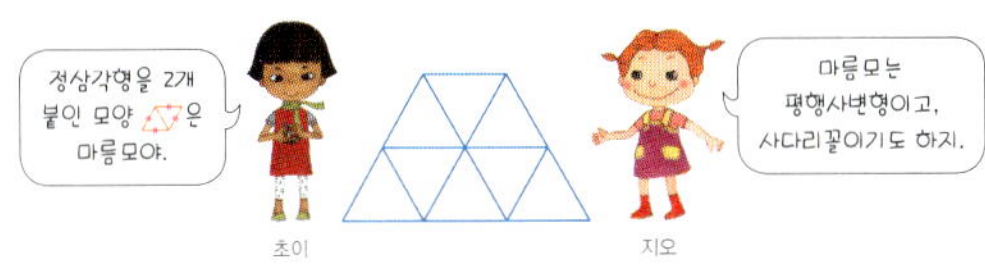

❶ 다음은 정삼각형 2개, 3개, 4개, 5개를 붙여 만든 모양입니다. 각 모양이 될 수 있는 도형의 이름에 ◯표 하고, 위에서 찾을 수 있는 모양의 개수를 구하시오.

◯마름모◯ ◯평행사변형◯ ◯사다리꼴◯	마름모 평행사변형 ◯사다리꼴◯	마름모 ◯평행사변형◯ ◯사다리꼴◯	마름모 평행사변형 ◯사다리꼴◯
8 개	8 개	4 개	1 개

❷ 마름모, 평행사변형, 사다리꼴은 각각 몇 개입니까?

마름모: 8개, 평행사변형: 12개, 사다리꼴: 21개
$(8+4=12)$ $(8+8+4+1=21)$

---

1 다음 그림에서 찾을 수 있는 크고 작은 사다리꼴은 모두 몇 개입니까? 18개

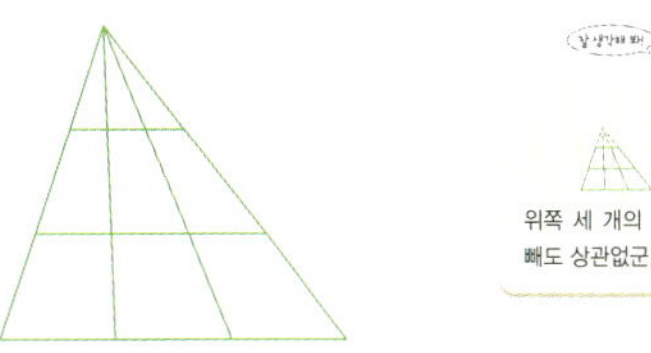

① 가로 한 줄에서 찾을 수 있는 사다리꼴의 개수: $3+2+1=6$(개)
② 세로 한 줄에서 찾을 수 있는 사다리꼴의 개수: $2+1=3$(개)
따라서 사다리꼴은 $6×3=18$(개)입니다.

2 다음 도형에서 찾을 수 있는 평행사변형이 아닌 사다리꼴은 모두 몇 개입니까? 24개

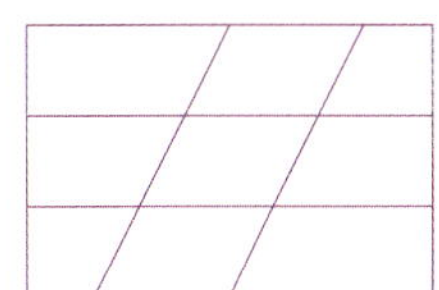

① 가로 한 줄에서 찾을 수 있는 평행사변형이 아닌 사다리꼴의 개수: 4개
② 세로 한 줄에서 찾을 수 있는 평행사변형이 아닌 사다리꼴의 개수: $3+2+1=6$(개)
따라서 평행사변형이 아닌 사다리꼴은 $4×6=24$(개)입니다.

🧒 창의적 문제해결력

1 두 직선 가와 나는 평행합니다. ☐ 안에 알맞은 수를 써넣으시오.

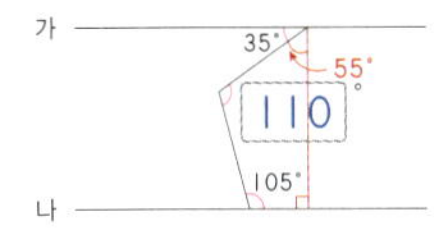

사각형의 네 각의 합이 $360°$이므로
$360°-55°-90°-105°=110°$입니다.

2 직사각형 안에 2개의 선분을 그었습니다. ☐ 안에 알맞은 수를 써넣으시오.

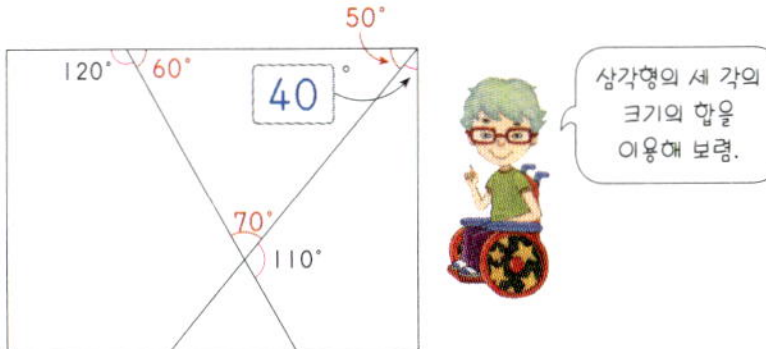

---

3 다음 도형에서 찾을 수 있는 사각형은 모두 몇 개입니까? 9개

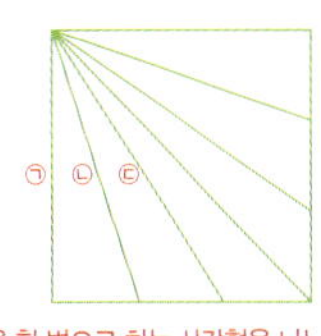

㉠, ㉡, ㉢을 한 변으로 하는 사각형을 나누어 찾아봅니다.
① ㉠을 한 변으로 하는 사각형: 3개
② ㉡을 한 변으로 하는 사각형: 3개
③ ㉢을 한 변으로 하는 사각형: 3개
따라서 사각형은 모두 $3+3+3=9$(개)입니다.

4 다음은 정사각형과 평행사변형, 정삼각형을 붙인 것입니다. 선을 따라 그릴 수 있는 사각형의 개수를 구하시오. 19개

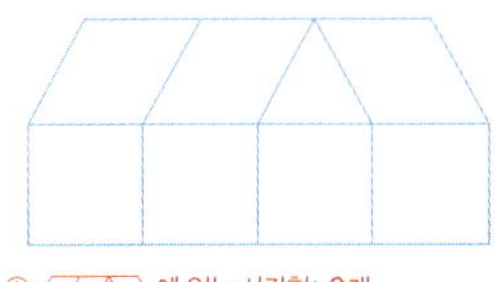

① 에 있는 사각형: 9개
② 에 있는 사각형: 10개
따라서 사각형은 모두 $9+10=19$(개)입니다.

테셀레이션

⑩ 정다각형의 한 각의 크기

서로 겹치지 않으면서 바닥을 빈틈없이 채우는 것을 테셀레이션이라고 합니다.

테셀레이션은 보도 블럭, 욕실의 타일 등 실생활에서도 많이 찾아볼 수 있고 테셀레이션을 이용한 아름다운 예술 작품들이 탄생하기도 하였습니다.
다음은 네덜란드의 화가 에셔(M. C. Escher)의 작품으로 무척 복잡해 보이지만 실제로는 아주 간단한 하나의 모양을 겹치지 않게 빈틈없이 채워서 그린 테셀레이션 작품입니다.

다음 도형 중 한 종류의 도형을 사용하여 바닥을 깔 때 바닥을 빈틈없이 덮을 수 있는 모양을 모두 찾아 ◯표 하시오.

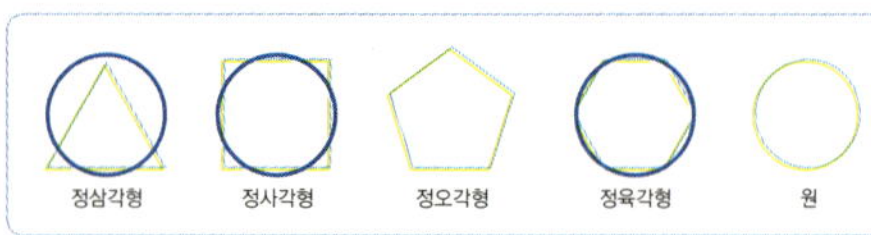

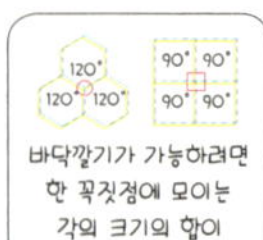

노크 포인트

변의 길이가 모두 같고 각의 크기가 모두 같은 다각형을 정다각형이라고 합니다.
정◯각형의 모든 각의 크기의 합은 (◯−2)×180°이고
정◯각형의 한 각의 크기는 {(◯−2)×180°}÷◯입니다.
주어진 도형으로 서로 겹치지 않으면서 바닥을 빈틈없이 채우는 것을 테셀레이션이라고 합니다. 한 가지 도형으로 테셀레이션이 가능한 정다각형은 정삼각형, 정사각형, 정육각형 3가지밖에 없습니다.

🔱 정다각형의 한 각의 크기 구하기

정오각형과 정육각형을 번갈아 이어 붙여 만든 모양입니다. 각 ㉠의 크기를 알아봅시다.

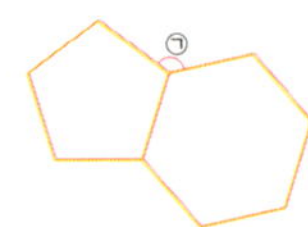

❶ 다음은 정다각형의 한 각의 크기를 구하는 표입니다. 빈칸에 알맞은 수를 써넣으시오.

정다각형	정삼각형	정사각형	정오각형	정육각형
모든 각의 크기의 합	180°	360°	540°	720°
각의 수	3	4	5	6
한 각의 크기	60°	90°	108°	120°

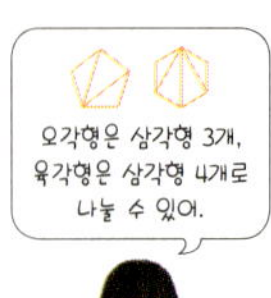

❷ 다음 ◯ 안에 알맞은 수를 써넣으시오. 각 ㉠의 크기는 몇 도입니까? **132°**
$$㉠+108°+120°=360°$$

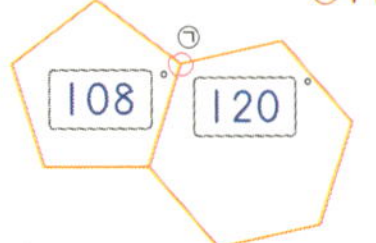

[정다각형을 붙여 만든 각]

1 다음은 정다각형을 붙여 만든 모양입니다. ◯ 안에 알맞은 수를 써넣으시오.

❶ 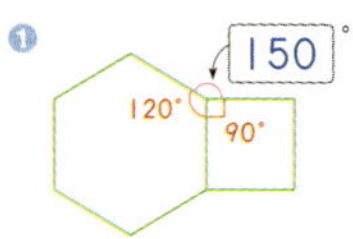

$$360°-120°-90°=150°$$

❷ 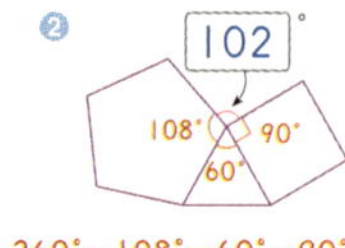

$$360°-108°-60°-90°=102°$$

[정오각형을 붙여 만든 각]

2 색칠한 도형은 정오각형입니다. ◯ 안에 알맞은 수를 써넣으시오.

❶ 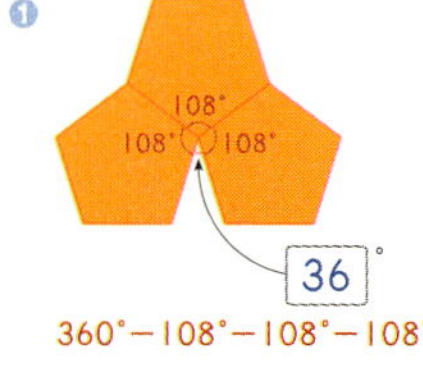

$$360°-108°-108°-108°$$
$$=36°$$

❷ 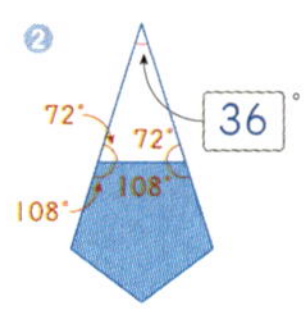

$$180°-108°=72°$$
$$180°-72°-72°=36°$$

정답 및 해설 **17**

🍯 원과 정다각형의 한 각의 크기

원 위에 일정한 간격으로 10개의 점이 찍혀 있고, 이 점을 이어서 정십각형을 만들었습니다.
정십각형의 한 각의 크기를 알아봅시다.

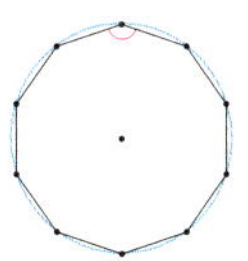

❶ 정십각형의 꼭짓점에서 원의 중심을 이었습니다. 표시된 각
의 크기는 각각 몇 도입니까? **36°**
$$360° \div 10 = 36°$$

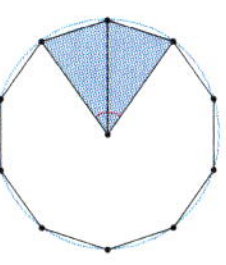

❷ 색칠한 2개의 작은 삼각형은 모두 이등변삼각형입니다. ☐ 안에 알맞은 수를 써넣
으시오.

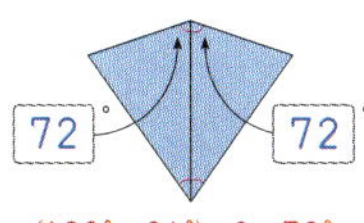

$$(180° - 36°) \div 2 = 72°$$

❸ 정십각형의 한 각의 크기는 몇 도입니까? **144°**
$$72° + 72° = 144°$$

1 다음 그림을 보고 정팔각형의 한 각의 크기를 구하시오. **135°**

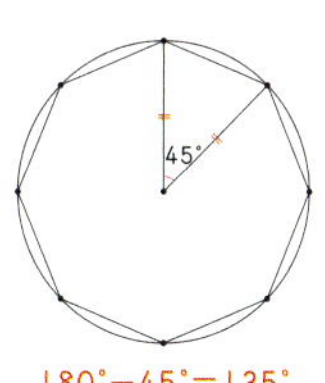

$$180° - 45° = 135°$$

2 원 위에 12개의 점이 일정한 간격으로 찍혀 있습니다. 점을 이어 정십이각형을 그리
고, 정십이각형의 한 각의 크기를 구하시오. **150°**

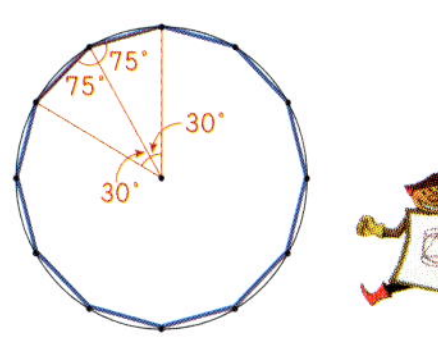

중심을 이루는 한 각의 크기: $360° \div 12° = 30°$
정십이각형의 한 각의 크기: $180° - 30° = 150°$

11 정다각형의 문제 해결

산만해 요괴와 울보 요괴가 정다각형을 이용하여 빈틈이 없는 문양을 만듭니다.

다음 표를 완성하시오.

정다각형	정삼각형	정사각형	정오각형	정육각형	정팔각형	정십각형	정십이각형
모든 각의 크기의 합	180°	360°	540°	720°	1080°	1440°	1800°
각의 수	3	4	5	6	8	10	12
한 각의 크기	60°	90°	108°	120°	135°	144°	150°

☐ 안에 알맞은 수를 쓰고 울보 요괴가 그려야 할 정다각형의 이름을 쓰시오.

정십이각형

$$☐° + ☐° + 60° = 360°, ☐° = 150°$$
한 각의 크기가 150°인 정다각형은
정십이각형입니다.

18 D3 평면도형

🟢 정십각형의 둘레에 똑같은 정다각형 10개를 이어 붙여 빈틈없는 모양을 만들고, 붙
인 정다각형의 이름을 쓰시오. **정오각형**

$$360° \div 10 = 36°$$
정십각형의 한 각의 크기:
$$180° - 36° = 144°$$
붙이는 정다각형의 한 각의 크기:
$$(360° - 144°) \div 2 = 108°$$
한 각의 크기가 108°인
정다각형은 정오각형입니다.

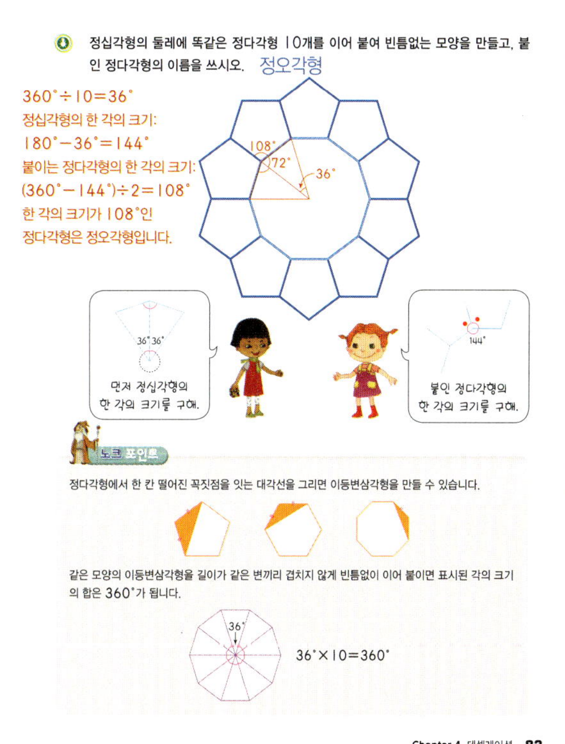

🐿 **토크 포인트**

정다각형에서 한 칸 떨어진 꼭짓점을 잇는 대각선을 그리면 이등변삼각형을 만들 수 있습니다.

같은 모양의 이등변삼각형을 길이가 같은 변끼리 겹치지 않게 빈틈없이 이어 붙이면 표시된 각의 크기
의 합은 360°가 됩니다.

$$36° \times 10 = 360°$$

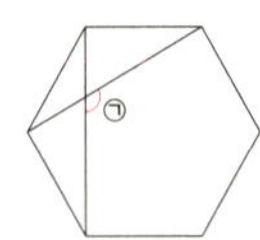 정다각형의 두 대각선이 이루는 각

정육각형에 두 개의 대각선을 그었습니다. 각 ㉠의 크기를 알아봅시다.

❶ 정육각형의 한 각의 크기를 구하시오. **120°**
$$360° × 2 ÷ 6 = 120°$$

❷ 색칠한 삼각형은 이등변삼각형입니다. ☐ 안에 알맞은 수를 써넣으시오.

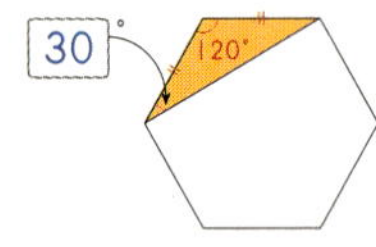 **30°**   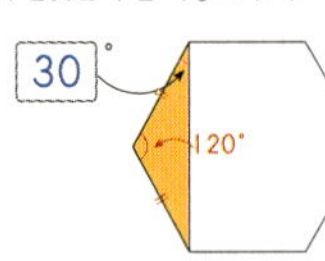 **30°**

❸ ❷에서 구한 각의 크기를 사용하여 각 ㉠의 크기를 구하시오. **120°**
$$180° − 30° × 2 = 120°$$

[정오각형의 대각선이 이루는 각]

1 정오각형에 두 대각선을 그었습니다. ☐ 안에 알맞은 수를 써넣으시오.

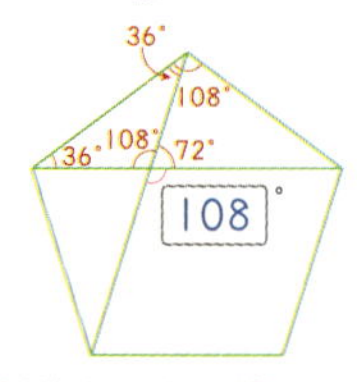

정오각형의 한 각의 크기: $180° × 3 ÷ 5 = 108°$
$(180° − 108°) ÷ 2 = 36°$

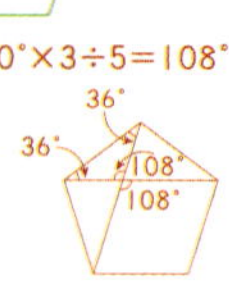

[맞닿은 정다각형과 이등변삼각형]

2 정오각형과 정육각형을 한 변이 맞닿게 그린 후 꼭짓점을 이었습니다. ☐ 안에 알맞은 수를 써넣으시오.

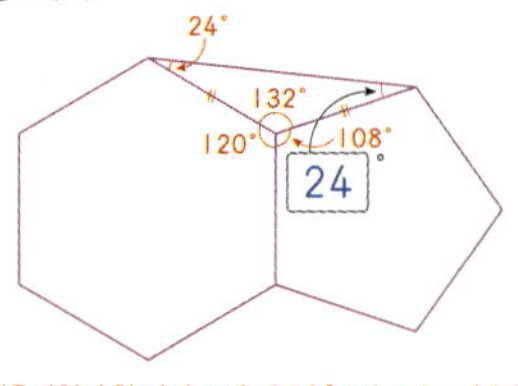

정육각형의 한 각의 크기: $360° × 2 ÷ 6 = 120°$
정오각형의 한 각의 크기: $180° × 3 ÷ 5 = 108°$
$(180° − 132°) ÷ 2 = 24°$
$360° − (120° + 108°) = 132°$

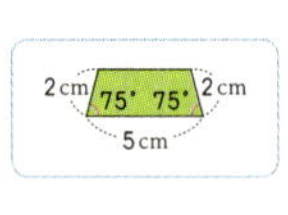 사다리꼴을 붙여 만든 도형

주어진 사다리꼴 모양의 도형 조각을 겹치지 않게 둥글게 이어 붙여 만들 수 있는 도형의 바깥쪽 둘레의 길이를 알아봅시다.

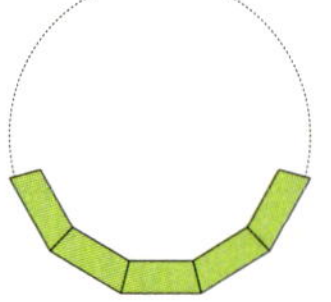

❶ 사다리꼴의 두 변을 연장하면 다음과 같은 이등변삼각형이 만들어집니다. ☐ 안에 알맞은 수를 써넣으시오. **30°**
$$180° − (75° + 75°) = 30°$$

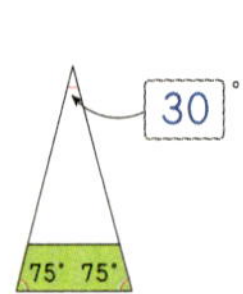

❷ 다음과 같이 ❶의 이등변삼각형을 둥글게 이어 붙입니다. 이등변삼각형은 몇 개 필요합니까? **12개**
$$360° ÷ 30° = 12(개)$$

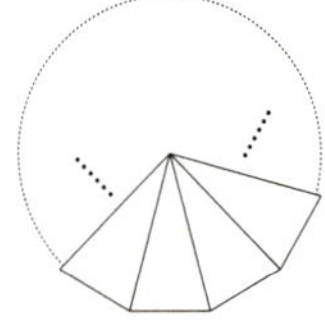

❸ 바깥쪽 둘레를 이루는 도형의 이름을 쓰고, 도형의 둘레의 길이를 구하시오.
정십이각형, 60 cm
$$5 × 12 = 60(cm)$$

[정오각형 타일 붙이기]

1 정오각형 모양 타일 몇 개를 변끼리 둥글게 이어 붙였습니다. 한 바퀴를 붙이는데 사용한 정오각형 모양 타일은 모두 몇 개입니까? **10개**
$$360° ÷ 36° = 10(개)$$

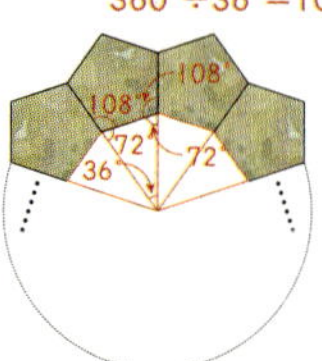

[선분 이어 붙이기]

2 다음과 같이 4 cm 길이의 선분을 이어 붙여서 정다각형을 만들었습니다. 만들어진 정다각형의 이름을 쓰시오. **정십오각형**

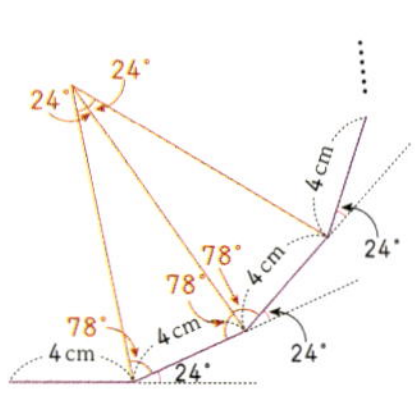

$$(180° − 24°) ÷ 2 = 78°$$
$$360° ÷ 24° = 15°$$

---

12 준정다각형 테셀레이션

한 종류의 정다각형으로 테셀레이션이 가능한 도형은 정삼각형, 정사각형, 정육각형이고, 이 도형으로 만든 테셀레이션을 정다각형 테셀레이션이라고 합니다.

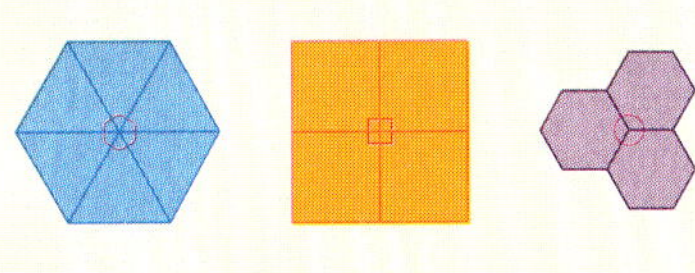

두 가지 이상의 정다각형을 이어 붙여 만든 테셀레이션을 준정다각형 테셀레이션이라고 합니다.

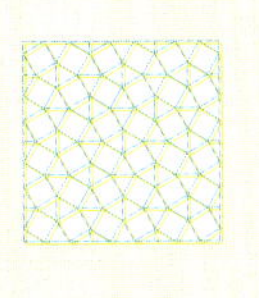
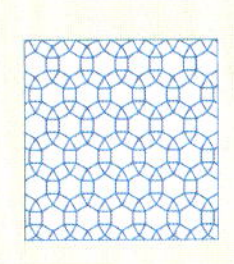
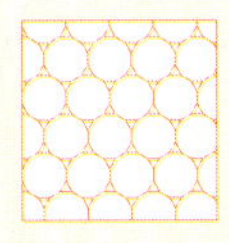

정삼각형과 정육각형을 이용하여 테셀레이션이 되는 이유를 설명한 것입니다. ☐ 안에 알맞은 수를 써넣으시오.

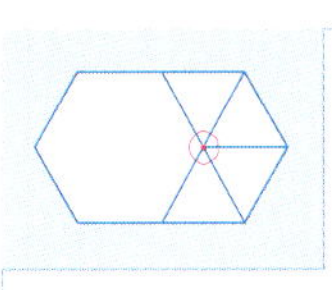

정육각형의 한 각의 크기는 $\boxed{120}°$ 이고,

정삼각형의 한 각의 크기는 $\boxed{60}°$ 입니다.

한 꼭짓점을 중심으로 정육각형 $\boxed{1}$ 개와 정삼각형 $\boxed{4}$ 개가 모여 있으므로 한 꼭짓점에 모인 각의 크기의 합은

$$\boxed{120}° + \boxed{60}° \times \boxed{4} = \boxed{360}°$$

입니다. 따라서 테셀레이션이 됩니다.

노트 포인트

두 가지 이상의 정다각형으로 서로 겹치지 않으면서 바닥을 빈틈없이 채우는 것을 **준정다각형 테셀레이션**이라고 합니다.

테셀레이션이 가능하려면 한 꼭짓점에 모이는 정다각형의 각의 크기의 합이 360°가 되어야 합니다.

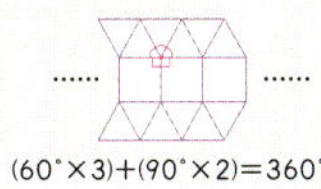

$$(60° \times 3) + (90° \times 2) = 360°$$

$$(135° \times 2) + 90° = 360°$$

🎲 두 가지 정다각형 테셀레이션

다음은 정삼각형과 정육각형 타일을 이용하여 빈틈없이 바닥을 깐 것입니다.

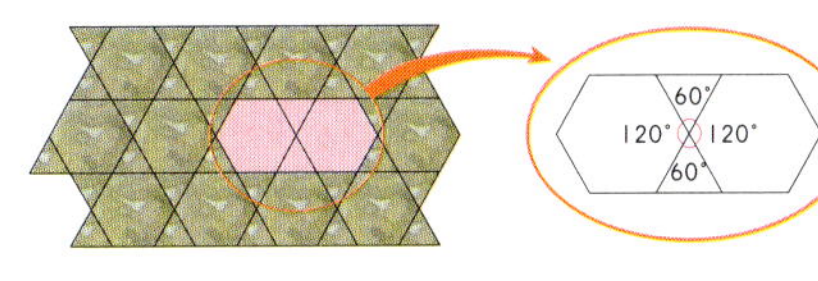

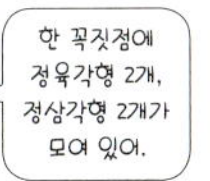

위와 같이 정삼각형과 정사각형 타일을 이용하여 바닥을 빈틈없이 채울 때, 한 꼭짓점에는 정삼각형과 정사각형이 각각 몇 개씩 모이면 되는지 알아봅시다.

❶ 정삼각형과 정사각형의 한 각의 크기는 각각 몇 도입니까?

정삼각형: 60°, 정사각형: 90°

❷ 한 꼭짓점에 모인 각의 크기의 합이 360°가 되려면 정삼각형과 정사각형이 각각 몇 개씩 있어야 합니까? 정삼각형: 3개, 정사각형: 2개

$$60° \times 3 + 90° \times 2 = 360°$$

[한 꼭짓점에 모인 정다각형의 개수]

1 변의 길이가 같은 정사각형과 정팔각형을 이어 붙여 바닥을 빈틈없이 채울 때, 한 꼭짓점에 모인 정사각형과 정팔각형은 각각 몇 개씩 있어야 합니까?

정사각형: 1개, 정팔각형: 2개

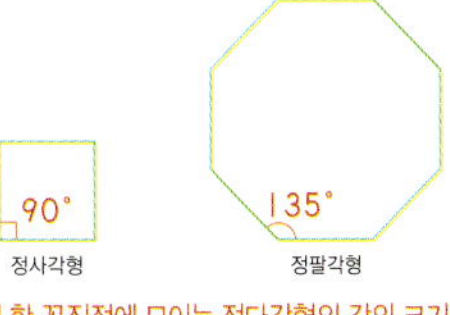

테셀레이션이 되려면 한 꼭짓점에 모이는 정다각형의 각의 크기의 합이 360°가 되어야 합니다. $90° + 135° \times 2 = 360°$

[테셀레이션 그리기]

2 같은 크기의 정사각형과 정팔각형 두 가지 도형으로 다음 모양을 빈틈없이 채워 보시오.

준비물 정사각형, 정팔각형 모양

92·93

세 가지 정다각형 테셀레이션

한 변의 길이가 같은 정삼각형, 정사각형, 정육각형이 있습니다. 각 도형을 1개 이상 사용하여 바닥을 빈틈없이 깔려고 합니다. 한 꼭짓점에 모이는 정다각형은 각각 몇 개인지 알아봅시다.

 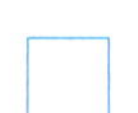 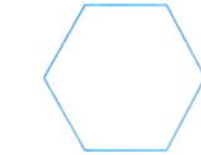

❶ 정삼각형, 정사각형, 정육각형의 한 각의 크기를 구하시오.

정삼각형: 60°, 정사각형: 90°, 정육각형: 120°

❷ 정삼각형, 정사각형, 정육각형을 한 꼭짓점에 모이도록 이어 붙였습니다. ☐ 안에 알맞은 수를 써넣으시오.

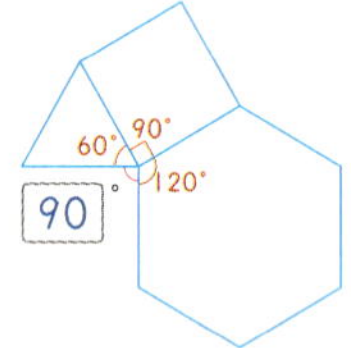

$360° - (60° + 90° + 120°) = 90°$

❸ 각 도형을 1개 이상 사용하여 한 꼭짓점에 모이는 각의 크기의 합이 360°가 되려면 각 정다각형은 몇 개씩 있어야 합니까?

정삼각형: 1개, 정사각형: 2개, 정육각형: 1개

[꼭짓점에 모인 각의 크기의 합]

1 정사각형, 정육각형, 정십이각형을 사용하여 만든 준정다각형 테셀레이션에서 한 꼭짓점에 모이는 각의 크기의 합을 구한 것입니다. ☐ 안에 알맞은 수를 써넣으시오.

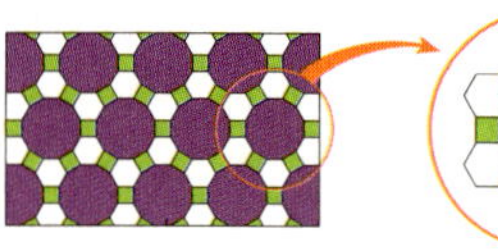

$\boxed{90}° + \boxed{120}° + \boxed{150}° = \boxed{360}°$

[테셀레이션에 필요한 정다각형의 개수]

2 정삼각형, 정사각형, 정십이각형 조각을 1개 이상씩 사용하여 한 꼭짓점에 모인 각의 크기의 합이 360°가 되도록 만들려고 합니다. 필요한 정다각형의 개수를 쓰시오.

정삼각형: $\boxed{2}$ 개   정사각형: $\boxed{1}$ 개   정십이각형: $\boxed{1}$ 개

정삼각형의 한 각의 크기: 60°
정사각형의 한 각의 크기: 90°
정십이각형의 한 각의 크기: 150°
$60° × 2 + 90° + 150° = 360°$

94·95

🌾 창의적 문제해결력

1 한 변의 길이가 같은 정육각형, 정팔각형, 정오각형을 이어 붙였습니다. ☐ 안에 알맞은 수를 써넣으시오.

$360° - (120° + 135°) = 105°$

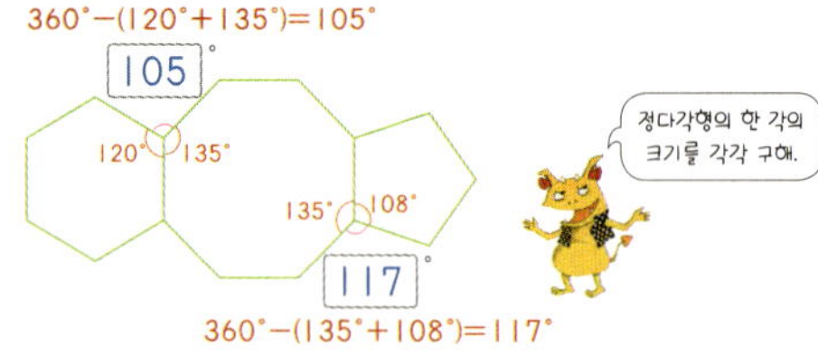

$\boxed{105}°$

$120°$ $135°$

$135°$ $108°$

$\boxed{117}°$

$360° - (135° + 108°) = 117°$

2 사다리꼴 모양 조각 15개를 둥글게 이어 붙여 오른쪽과 같이 겹치지 않고, 빈틈이 없는 모양이 되었습니다. 표시된 두 각의 크기가 같다고 할 때 ☐ 안에 알맞은 수를 써넣으시오.

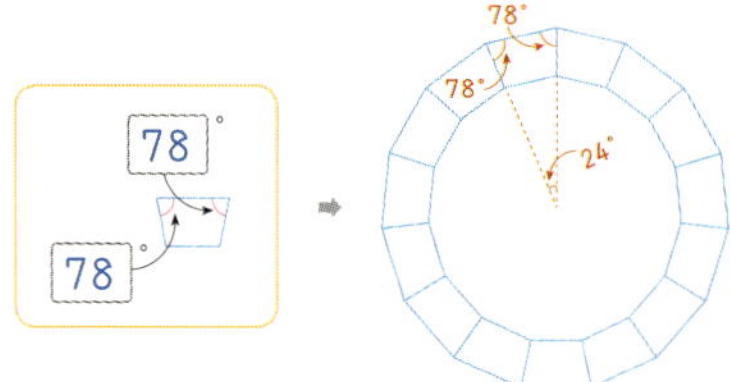

$\boxed{78}°$

$\boxed{78}°$

$78°$

$78°$

$24°$

3 정십각형에서 두 대각선을 그린 것입니다. ☐ 안에 알맞은 수를 써넣으시오.

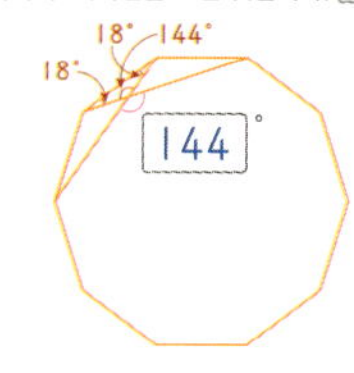

$18°$ $144°$

$18°$

$\boxed{144}°$

4 오른쪽 그림은 정삼각형, 정사각형, 정육각형을 사용하여 만든 준정다각형 테셀레이션입니다. ☐ 안에 알맞은 수를 써넣으시오.

한 꼭짓점을 중심으로

한 각의 크기가 $\boxed{60}°$ 인 정삼각형 $\boxed{1}$ 개,

한 각의 크기가 $\boxed{90}°$ 인 정사각형 $\boxed{2}$ 개,

한 각의 크기가 $\boxed{120}°$ 인 정육각형 $\boxed{1}$ 개가

모여 있으므로 한 꼭짓점에 모인 각의 크기의 합은 $\boxed{360}°$ 가 됩니다.

정답 및 해설 **21**

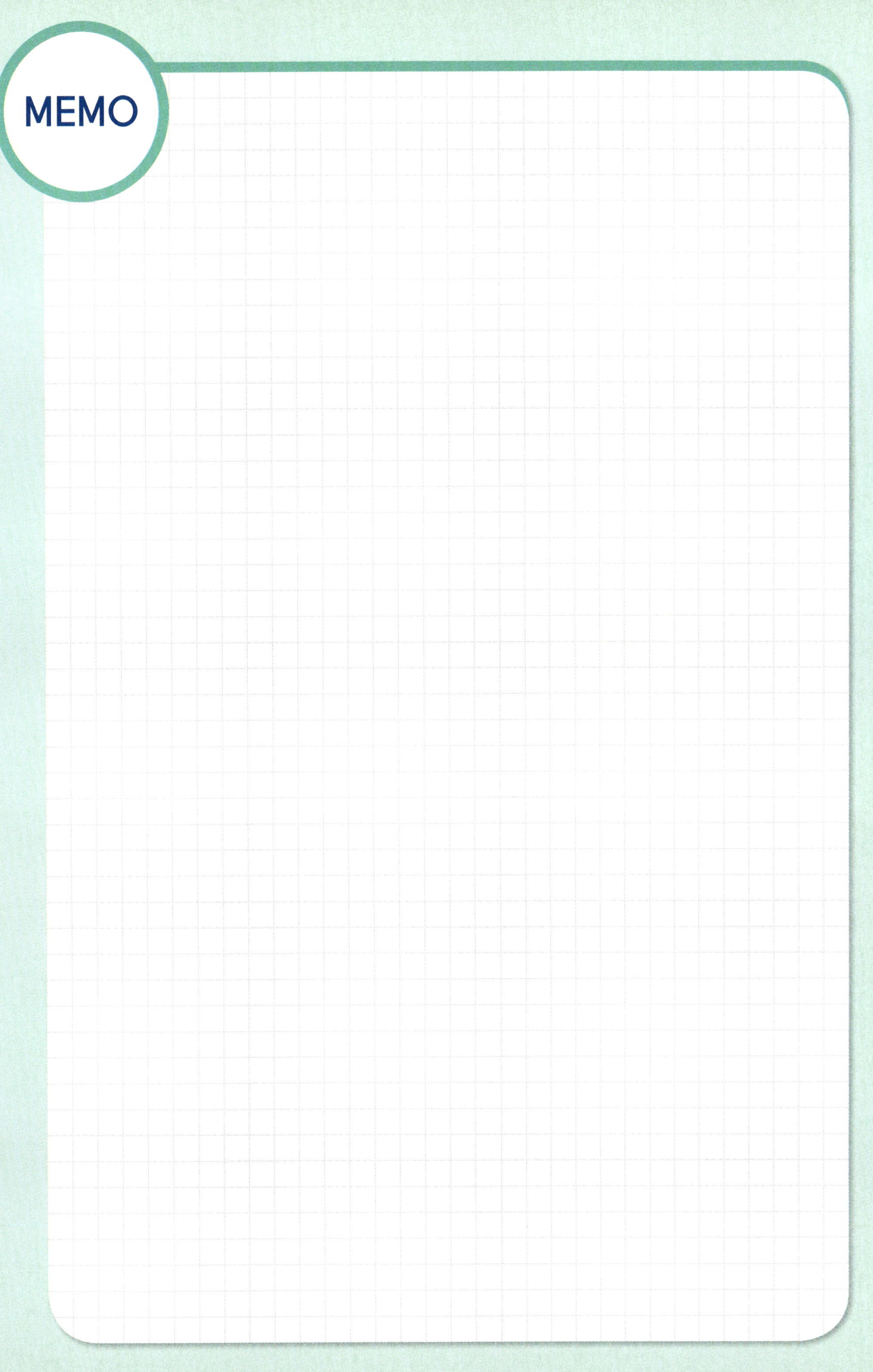

MEMO

MEMO

누구나 쉽고 재미있게
사고력
수학

정답및 해설

62, 63쪽에 사용하세요.

91쪽에 사용하세요.

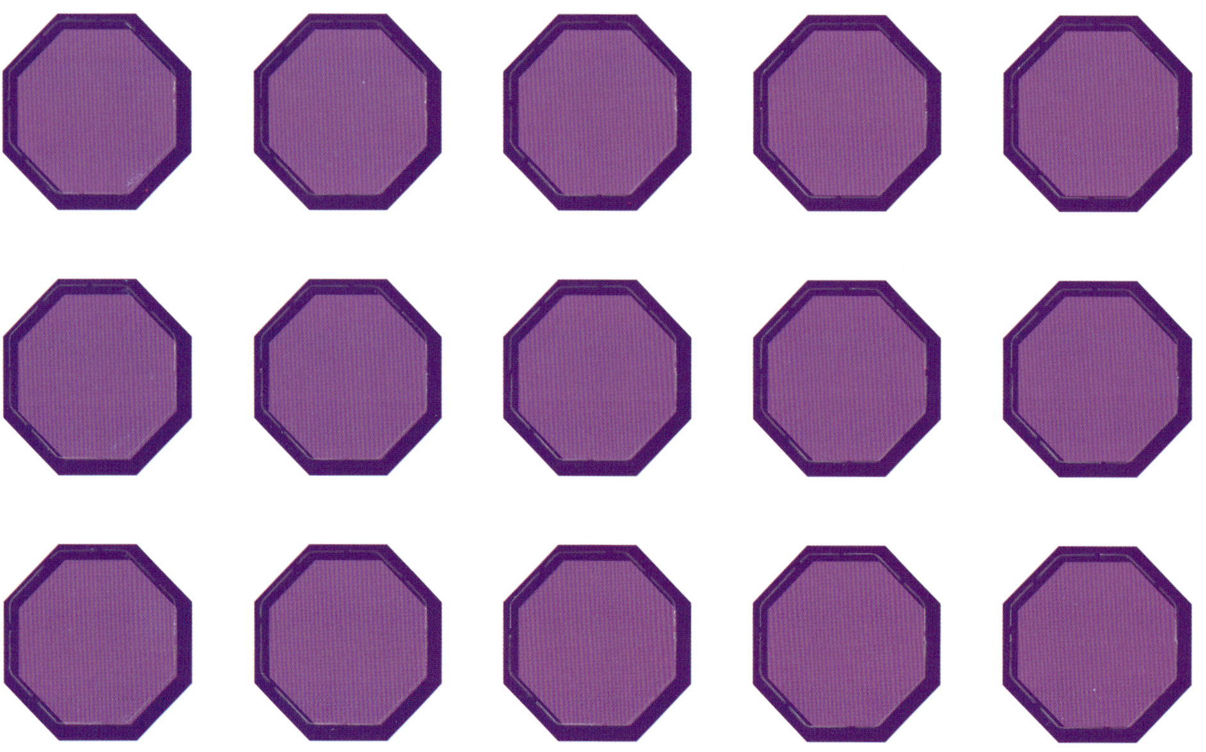

91쪽에 사용하세요.

91쪽에 사용하세요.

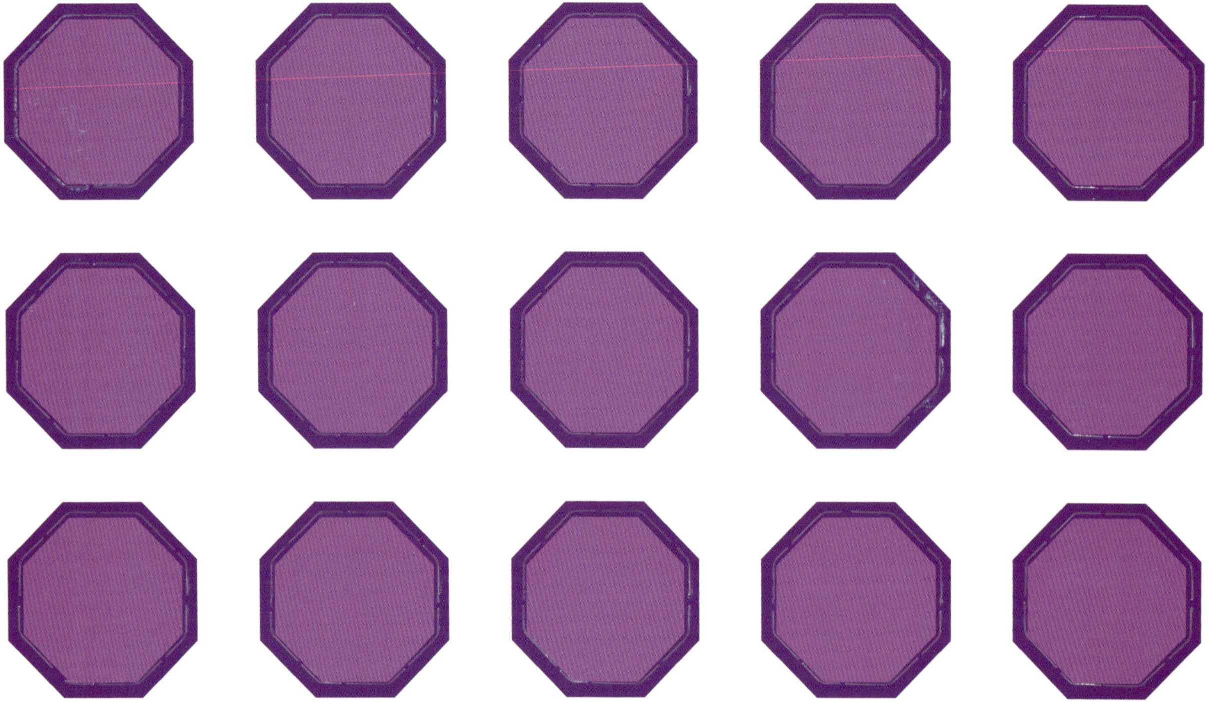